CLAER BARRETT

Das Finanzbuch für alle, die Finanzbücher scheiße finden

GOLDMANN

Buch

Finanzexpertin Claer Barrett erklärt uns alles, was wir über Geld wissen müssen, und zwar so, dass es wirklich jeder versteht. Indem sie unsere emotionale Beziehung zum Geld entschlüsselt, geht sie der Frage auf den Grund, wie finanzielle Gewohnheiten entstehen, und zeigt sieben wirkungsvolle und doch einfache Wege auf, die unseren Umgang mit Geld für immer verändern werden.

Autorin

Als preisgekrönte Journalistin und Rundfunksprecherin hat es sich **Claer Barrett** zur Aufgabe gemacht, den Menschen dabei zu helfen, das Beste aus ihrem Geld zu machen. Sie ist Redakteurin bei der *Financial Times* und moderiert den wöchentlichen Podcast *Money Clinic*, in dem sie mit Hörer*innen über ihre finanziellen Probleme spricht.

Claer Barrett

Das Finanzbuch für alle, die Finanzbücher scheiße finden

7 Methoden, um das mit dem Geld endlich geregelt zu bekommen

Aus dem Englischen übersetzt von Johanna Wais

GOLDMANN

Die englische Originalausgabe erschien 2023 unter dem Titel
What They Don't Teach You About Money bei Ebury Edge,
einem Imprint von Penguin Books Ltd., London.

Penguin Random House Verlagsgruppe FSC® N001967

1. Auflage
Deutsche Erstausgabe April 2024
Copyright © 2023 der Originalausgabe: Claer Barrett
Copyright © 2024 der deutschsprachigen Ausgabe: Wilhelm Goldmann Verlag,
München, in der Penguin Random House Verlagsgruppe GmbH,
Neumarkter Str. 28, 81673 München
Published by arrangement with Rachel Mills Literary Ltd.
Umschlag: Uno Werbeagentur, München
Umschlagmotiv: © FinePic, München
Satz: Satzwerk Huber, Germering
Druck und Bindung: GGP Media GmbH, Pößneck
Printed in Germany
JS · IH
978-3-641-31724-9

www.goldmann-verlag.de

*Für meine Stiefkinder Kelly Jane, Ben und Jack –
die beste Investition meines Lebens*

Inhalt

Einleitung

Können Sie gut mit Geld umgehen?

Lautet Ihre Antwort auf diese Frage »Nein«, »Manchmal« oder »Nicht sicher«? – Dann keine Sorge!

Ich verrate Ihnen das vielleicht größte Geheimnis aller Zeiten über Geld.

Praktisch jeder, dem ich in meinen 20 Jahren als Finanzjournalistin begegnet bin, dachte tief im Inneren, dass er sich besser um sein Geld hätte kümmern können – einschließlich mir.

Woher ich das weiß? Weil ich die Ehre habe, dass Menschen mir ihre Geldprobleme anvertrauen – im Fernsehen und im Radio, in meinem Podcast *Money Clinic* und im Alltag.

Sie lesen die erste Seite meines Buches, was darauf hindeutet, dass es Ihnen genauso geht. Willkommen im Club! Sie sind in guter Gesellschaft. Leute, die immer alles richtig machen, sind hier nicht zugelassen, und ich freue mich sehr, Sie begrüßen zu dürfen.

Doch zuerst möchte ich Ihnen etwas gestehen. Jahrelang habe ich behauptet, ich würde *nie* ein Buch über Geld schreiben. Ich habe auch gesagt, ich würde nie heiraten, worauf mein Vater die Gäste freundlich hinwies, als ich vor zehn Jahren den Bund fürs Leben schloss (er hatte die Lacher auf seiner Seite).

Der einfache Grund, aus dem ich geschworen habe, niemals ein Buch über Geld zu schreiben, ist, dass ich nie ein Buch über Geld *lesen* wollte. Krimis sind da eher meine Kragenweite.

Finanzratgeber mit Banknoten auf dem Cover, die nach vernünftigen Tabellen und mit dem Zeigefinger wedelnden, sich nie irrenden »Expert*innen«, nach langweiligen Fakten und Zahlen riechen … Ehrlich gesagt lockt mich dann doch eher der Pub.

Was mich zur nächsten Frage führt: Warum sollten Sie *dieses* Buch lesen?

Weil es extra für Menschen geschrieben wurde, die *nie, nie* ein Buch über Geld kaufen würden.

Würden wir zusammen im Pub sitzen, würde ich Ihnen mehr oder weniger dasselbe erzählen, was ich hier (mit weniger Kraftausdrücken) aufgeschrieben habe.

Eines der größten Probleme im Zusammenhang mit Geld ist, dass bei uns allen im Leben zu viel los ist, um das Thema anzugehen. Es ist kompliziert. Es hat eine ganz eigene Sprache. Es beinhaltet viele gruselige Zahlen und andere Dinge, die nur Eingeweihte verstehen.

Kurz gesagt, es ist bäh.

Geldangelegenheiten machen uns schon in guten Zeiten nervös; zum Zeitpunkt der Entstehung dieses Buches verstärken die steigenden Lebenshaltungskosten den Angstfaktor noch. Die meisten von uns haben Dutzende Finanzfragen, auf die wir insgeheim gern Antworten hätten. Doch wem sollen wir sie stellen? Außerdem wollen wir uns nicht die Blöße geben, zuzugeben, dass wir diese Dinge nicht wissen. Nun, da unsere finanzielle Situation schwieriger wird, ist es jedoch nicht mehr optional, diese Antworten zu bekommen – es ist lebensnotwendig!

Wenn sich die Leute mutig genug fühlen, sich zu öffnen, beginnt das Gespräch meist irgendwie so:

»Claer, ich weiß, ich sollte diese Dinge wissen, aber …«

»Du wirst das wahrscheinlich für eine ziemlich dämliche Frage halten, aber …«

»Ich fühle mich total dumm, weil ich das nicht verstehe …«

»Ich traue mich nicht, das zu fragen, aber ich kann nicht aufhören, mir Gedanken zu machen über …«

»Ich habe versucht, mehr darüber im Internet herauszufinden, und jetzt bin ich noch verwirrter als vorher …«

Kommt Ihnen das bekannt vor?

Häufig haben Menschen Monate oder sogar Jahre darauf verschwendet, ein Problem zu lösen, weil es Ihnen schwerfällt, die Fakten herauszufinden, und sie mit möglichen Entscheidungen ringen.

Wie können wir dafür sorgen, dass wir vorankommen, statt in diesen Gefühlen festzustecken? Wir lernen den Umgang mit Geld weder in der Schule noch in der Ausbildung, an der Universität oder bei der Arbeit.

Häufig sind es unsere Eltern, die den größten Einfluss darauf haben, wie sich unsere Einstellung zu Geld entwickelt (in Kürze mehr dazu), ihr finanzielles Know-how ist jedoch sehr unterschiedlich, und Familien machen um Geld oft ein großes Geheimnis.

Geld ist etwas, über das wir – selbst in einer Partnerschaft oder mit guten Freunden – nicht gern reden. Einzige Ausnahme: Leute, die auf TikTok damit prahlen, dass sie eine Million mit dem Handel von Kryptowährungen gemacht haben (lustigerweise sieht man nie Videos, in denen jemand zugibt, eine Million *verloren* zu haben). Die sozialen Medien können toll sein, um mehr über Geld zu lernen, aber sie können auch Gefühle von Unzulänglichkeit hervorrufen.

Das emotionale Gepäck, das Geldprobleme mit sich bringen, würde nicht durch die Gewichtskontrolle am Flughafen kommen. Deshalb ist es schwierig, über Geld zu *sprechen*. Doch uns mit unseren Fragen an Google zu wenden, kann ebenfalls stressig und zeitaufwendig sein.

Vertrauenswürdige, korrekte und unabhängige Informationen zum Thema Geld zu finden, ist schwer – und es gibt so viele unterschiedliche Produkte, Regeln, Vorschriften und Fallstricke, auf die man achten muss. Die meisten Menschen können sich eine Finanzberatung, die ihnen bei der Beurteilung helfen würde, jedoch nicht leisten.

Die Finanzbranche im Allgemeinen scheint uns außerdem mit aller Kraft zu Tode langweilen zu wollen, indem sie die Dinge *viel komplizierter* macht als nötig. Das erschwert es uns, Entscheidungen zu treffen – also vertagen wir diese (unter Umständen für immer!).

Die meisten von uns verharren in einem Zustand finanzieller Passivität, während Banken und andere Finanzinstitute von unserer Ahnungslosigkeit profitieren. Deshalb enthält dieses Buch vieles, von dem ich glaube, dass die meisten in der Branche *nicht wollen*, dass wir es wissen. Warum? Hätten wir einen Plan, würden sie weniger an uns verdienen!

Die Lektionen, die ich weitergeben kann, sollen nicht nur dazu beitragen, dass Sie sich weniger überfordert fühlen – ich hoffe auch, dass dieses Wissen Ihr Leben zum Besseren verändert. Und wenn Sie gefragt werden, ob Sie gut mit Geld umgehen können, ist Ihre Antwort ab heute: Sie sind dabei, es zu lernen.

Sieben wichtige Geldgewohnheiten

In meinem ständigen Bemühen, so viel wie möglich aus meinem Geld zu machen, sind mir sieben grundlegende Gewohnheiten aufgefallen, die in meinem Leben immer wieder eine Rolle spielen und mir helfen, auf Kurs zu bleiben. Ich hoffe, Ihnen werden sie ebenfalls helfen. Vielleicht inspiriert es Sie bereits, sie zu lesen!

Ich liste diese Gewohnheiten hier als Einstiegspunkte auf, mit denen Sie ein besseres Verhältnis zu Geld entwickeln können – die wahre Macht liegt aber tatsächlich in ihrer praktischen Anwendung. In den verschiedenen Buchkapiteln zeige ich Ihnen viele konkrete Möglichkeiten, um diese Gewohnheiten umzusetzen.

Und vergessen Sie nicht: Unser Geld zu managen, ist eine fortwährende Reise. Das Einzige, was im Leben sicher ist? Veränderung! Die Aktienmärkte bewegen sich auf und ab, Regeln und Vorschriften verändern sich, unser Einkommen kann steigen oder sinken – und unsere finanziellen Pläne müssen sich entsprechend anpassen.

Hier die sieben Eigenschaften, die Ihnen helfen werden, Ihre negativen Gefühle bezüglich des Themas Geld »aufzulösen« und eine positivere Perspektive darauf zu bekommen.

GEWOHNHEIT NUMMER EINS: Seien Sie rational statt emotional

Das Erste, was wir akzeptieren müssen: Geld ist ein hochemotionales Thema! Alle von uns haben ein unterschiedliches Verhältnis zu Geld, und das beeinflusst unsere Haltung zum Verdienen, Ausgeben, Leihen, Sparen und Investieren enorm.

Heute mehr denn je müssen wir in finanziellen Dingen rationale und informierte Entscheidungen treffen. Es kann jedoch schwer sein, diesen mächtigen emotionalen Strömungen im Hintergrund etwas entgegenzusetzen. Im ersten Kapitel werde ich einige häufig vorkommende Finanzpersönlichkeiten vorstellen. Zu lernen, rationaler zu werden, was Geld angeht, und es als Werkzeug zu betrachten, kann unseren zukünftigen finanziellen Erfolg fördern und, ganz wichtig, den »Angstfaktor« reduzieren.

GEWOHNHEIT NUMMER ZWEI: Treffen Sie bewusste Geldentscheidungen

Wenn wir uns unsere Entscheidungen bewusst machen, beantworten wir uns gleichzeitig die ewige Frage: »Wo ist mein ganzes Geld nur hin?«

In den Kapiteln 2 und 3 werde ich Tipps, Techniken und kostenlose digitale Tools vorstellen, die Sie verwenden können, um sich mit Ihren Daten vertraut zu machen, Ihre persönliche Bilanz im Auge zu behalten und letztendlich das Gefühl zu stärken, die Dinge im Griff zu haben (Hurra!). In Kapitel 4 wenden wir dies auf den Umgang mit Schulden an.

GEWOHNHEIT NUMMER DREI: Aufteilen und automatisieren

Haben Sie den schwierigen Teil erst einmal geschafft und in finanziellen Dingen Entscheidungen gefällt, erleichtern Sie sich die Arbeit durch Automatisierung!

Wie ich in Kapitel 3 erklären werde, macht digitales Banking »Pay yourself first« (Bezahle dich selbst zuerst) so einfach wie nie: Sie können automatische Zahlungen auf verschiedene Konten einrichten, um Ihr Geld bestimmten Zwecken zuzuweisen. Von Zusammenfassungen bis zur Bildung von Rücklagen für den Notfall oder sogar Investitionen an der Börse – Sie werden überrascht sein, was Sie so erreichen können.

GEWOHNHEIT NUMMER VIER: Setzen Sie sich ein Ziel

Gehen Sie zu einer professionellen Finanzberatung, werden Sie immer zuerst gefragt: »Was sind Ihre finanziellen Ziele?« Das ist nicht leicht zu beantworten, aber es lohnt sich, sich damit auseinanderzusetzen – Ziele sind ein wichtiger Motivator.

Wenn wir das große Ganze im Blick haben, begreifen wir eher, wie schnell sich Kleinigkeiten summieren. Beispielsweise könnten Sie in einem Jahr fast 1 000 Euro sparen, wenn Sie täglich nur 2,70 Euro beiseitelegen würden.

In Kapitel 5 führe ich Sie durch den Prozess, sich verschiedene Ziele zu setzen und in Angriff zu nehmen, und zeige Ihnen außerdem, wie Sie motiviert bleiben, auch wenn die Dinge nicht ganz nach Plan verlaufen.

GEWOHNHEIT NUMMER FÜNF: Stellen Sie Fragen

Nur wenn Sie dafür offen sind, etwas über bisher noch eher unvertraute Aspekte Ihrer Finanzen zu lernen, werden Sie in Zukunft erfolgreich sein. Es gibt keine dummen Fragen zum Thema Geld – dumm ist nur, keine zu stellen! Aber mir ist klar, dass die Art und Weise, wie Mathematik in Schulen gelehrt wird, vielen von uns das Thema Zahlen für immer vergrault hat.

Mit Beispielen und Fallstudien aus dem echten Leben werde ich den Zahlen in diesem Buch ein menschlicheres Gesicht geben. So können Sie das nötige Selbstvertrauen entwickeln, um Fragen zu stellen – und um die Antworten zu verstehen. In Kapitel 6 schauen wir uns an, wie Sie sich vor Betrug schützen können und lernen, inwiefern anderer Leute Pläne für unser Geld selten in unserem Interesse sind.

GEWOHNHEIT NUMMER SECHS: Erstellen Sie Ihren eigenen Finanzplan

Sich Ziele zu setzen, fokussiert unseren Geist darauf, wo wir sein wollen – bei der Planung hingegen geht es um die praktischen Aspekte, wie wir dorthin gelangen!

In Kapitel 7 zeige ich Ihnen, wie Sie Ihre Ziele in kleinere Schritte aufteilen und wie wir zwei der mächtigsten Kräfte in der Finanzwelt für uns nutzen können – Steuererleichterungen und Zinseszins. Keine Sorge, wenn Sie von Letzterem noch nie gehört haben – ich erkläre in verständlicher Sprache, wie Sie davon profitieren können.

GEWOHNHEIT NUMMER SIEBEN: Nehmen Sie sich die Zeit, über Geld zu sprechen

Über Geld zu sprechen, ist unsere größte Blockade – vielen widerstrebt es zutiefst. Erforschen Sie *als Erstes* Ihr eigenes emotionales Verhältnis zu Geld, erleichtert Ihnen das die Kommunikation mit Ihrem Partner oder Ihrer Partnerin, in Freundschaften und in der Familie, und hilft, einen gemeinsamen Nenner zu finden.

In den Kapiteln 8 und 9 weiten wir dies dahingehend aus, dass Sie um eine Gehaltserhöhung bitten – und sie auch bekommen! Außerdem werde ich erklären, wie Sie produktive Gespräche mit Finanzunternehmen führen können.

Stolz ist ein teures Gefühl. Geldprobleme haben die unangenehme Angewohnheit, schlimmer zu werden, wenn wir sie ignorieren. Um Hilfe zu bitten, ist jedoch keine Schande. In diesem Buch empfehle ich viele (kostenlose) Quellen für Rat und Unterstützung und werde an Ihrer Seite sein, während Sie lernen, wie all diese Gewohnheiten Ihnen helfen können, Ihre Lage zu verbessern.

Ich habe nicht besonders viel Geld – Lohnt sich das Buch trotzdem für mich?

Die kurze Antwort ist Ja!

Hier die etwas längere Antwort: Sie werden noch nicht *alles* umsetzen können, was ich vorschlage. Das Wissen wird jedoch sehr wertvoll für Sie sein, um vorbereitet zu sein, wenn es so weit ist.

Das gilt besonders für Geldanlagen. Der Aufstieg von Kryptowährungen und Trading-Apps hat eine neue Generation von Investor*innen hervorgebracht. Viele von ihnen haben sich jedoch Hals über Kopf hineingestürzt, Geld verloren und wissen nun nicht, was sie tun sollen (dazu mehr in Kapitel 6).

Die erste Immobilie zu kaufen, ist ein weiteres langfristiges Ziel, das für Sie völlig unerreichbar erscheinen mag. Ich stelle in Kapitel 5 viele Ideen vor, wie Sie darauf hinplanen können, gebe aber auch Tipps, falls Sie in einem Mietverhältnis leben.

Geldsorgen sind ein Teil des Lebens. Egal, wie viel oder wenig Sie besitzen oder was Sie erreicht haben. Starke Unsicherheiten kennen wir alle – und da die Lebenshaltungskosten steigen, werden auch die Unsicherheiten größer.

Es frustriert mich, dass die Finanzbranche Geld verwirrender und einschüchternder erscheinen lässt als nötig, aber ich denke auch, dass uns unsere eigene Abneigung, offener über Geld zu sprechen, daran hindert, Wissen zu teilen und um Hilfe zu bitten.

In der aktuellen Krise müssen wir wirklich aufeinander achtgeben. Über Geld zu reden, ist wichtig, aber genauso wichtig ist es, mitzubekommen, was andere sich möglicherweise nicht zu sagen trauen. Mittlerweile ist allgemein bekannt, dass finanzielle Probleme unsere psychische Gesundheit negativ beeinflussen (und umgekehrt). Sie sind nicht nur eine große Quelle von Stress und Angst, sondern können buchstäblich zu einer Frage von Leben und Tod werden.

Überschuldete Menschen haben im vergangenen Jahr drei Mal häufiger an Suizid gedacht als andere, wie die vom Finanzjournalisten Martin Lewis gegründete gemeinnützige Organisation, *Money and Mental Health Institute*, herausgefunden hat (niemand in Großbritannien hat mehr dafür getan, finanzielle Kompetenzen auf die Tagesordnung zu bringen, als Martin).

Selten treibt nur ein einziger Faktor jemanden dazu, sich das Leben zu nehmen, doch jährlich unternehmen mehr als 100 000 überschuldete Menschen einen Selbstmordversuch.

In der heutigen Zeit sagen alle Schuldnerberatungen, mit denen ich spreche, dass sie die meisten Anrufe von Menschen bekommen, die nicht in der Lage sind, ihre Lebenshaltungskosten zu stemmen. Das ist ein gewaltiges, systembedingtes Problem, das sich auch durch noch so akribische Angebotsblätterei und sorgfältige Budgetplanung nicht lösen lässt.

Diejenigen von uns mit etwas mehr Geld *können* davon profitieren, ihre Geldgewohnheiten zu verändern, doch wir brauchen einen von der Spitze ausgehenden Politikwechsel, um ein gerechteres Finanzsystem zu schaffen. Martins Kampagnenarbeit inspiriert mich dazu, zu folgenden Finanzproblemen den Mund aufzumachen:

- die wachsende Zahl von Familien, die Mühe haben, mit ihren »Defizitbudgets« zurechtzukommen

- die Rekordzahlen von Menschen, die mittlerweile auf Lebensmitteltafeln angewiesen sind
- unser kaputter Energiemarkt
- die Unzulänglichkeit unseres Sozialversicherungssystems
- die lähmenden Kosten der Kinderbetreuung
- die Immobilienkrise
- die Gender Pay Gap
- die beängstigende Häufigkeit von Finanzbetrug
- der Mangel an vernünftiger finanzieller Aufklärung für junge Menschen und Erwachsene

Diese Probleme sind zu groß, als dass ein kurzes, praktisch orientiertes Buch über Geld sie lösen könnte, aber ich ermuntere Sie, gemeinsam mit mir dafür einzutreten, dass Sie so schnell wie möglich auf die politische Agenda kommen. Ich werde mich bis zum Umfallen lautstark dazu äußern!

Im Laufe der kommenden neun Kapitel konzentrieren wir uns nun jedoch auf die Dinge, die wir ändern *können* – und das beginnt mit unseren eigenen Geldgewohnheiten.

1

Geld: eine emotionale Angelegenheit

Zu lernen, wie man mit Geld umgeht, ist auf mehreren Ebenen schwierig. Zum einen ist da das Thema Zahlen, bei dem sich beim bloßen Gedanken daran bei vielen Menschen die Nackenhaare aufstellen. Dann der Jargon, den die Finanzwelt scheinbar nur dazu erfunden hat, uns zu verwirren. Und schließlich sind da die emotionalen Fallstricke, die uns davon abhalten können, über Geld zu sprechen oder um Hilfe zu bitten, wenn wir etwas nicht verstehen.

Geld zu haben, gibt uns ein Gefühl von Macht, kein Geld zu haben, ein Gefühl von Ohnmacht. Unser emotionales Verhältnis zu Geld kann geprägt sein von Angst, Gier, Stolz, Schuld oder Scham – starke Gefühle, die sich in der Art und Weise, wie wir Geld ausgeben, sparen oder aufs Spiel setzen, zeigen kann, auch wenn uns dies vielleicht gar nicht klar ist.

In diesem ersten Kapitel geht es darum, die hochemotionale Natur von Geld zu akzeptieren und gleichzeitig einen rationaleren Zugang dazu zu finden.

Wir werden erfahren, wie einige unserer »schlechten« Angewohnheiten entstehen, und beschäftigen uns eine Weile mit der Vergangenheit, damit wir unsere Gefühle von unseren zukünftigen finanziellen Gewohnheiten entkoppeln können.

Ich werde die erste meiner »sieben Supergewohnheiten« erklären – sich im Umgang mit Geld nicht emotional, sondern rational zu verhalten – und einige »Finanzpersönlichkeiten« einführen, anhand derer wir bestimmte Dinge reflektieren und – ganz wichtig – dabei auch ein wenig Spaß haben können.

Was ist Ihre erste Erinnerung im Zusammenhang mit Geld?

Die Verknüpfungen mit Geld, die wir in der frühen Kindheit herstellen, beeinflussen uns in hohem Maße für den Rest unseres Lebens. Punkt. In einer großangelegten Studie der Cambridge University fand man heraus, dass unsere Einstellung zu Geld größtenteils bereits im Alter von sieben Jahren feststeht.[1]

Nicht siebzehn – sieben!

Aus diesem Grund frage ich alle, mit denen ich in meinem Podcast *Money Clinic* spreche: »Was ist Ihre erste Gelderinnerung?«

Ich möchte Ihnen hier zu Beginn des ersten Kapitels dieselbe Frage stellen.

Eine meiner Lieblingsantworten stammt von der englischen Fußballlegende Sol Campbell. Sol wuchs als jüngstes von zwölf Geschwistern in einem kleinen Haus in East London auf. Seine erste Gelderinnerung ist, wie er immer die Immobilienseiten der Lokalzeitung durchgesehen hat. Er wollte wissen, wie viel es kosten würde, ein eigenes Haus zu kaufen, sodass er in den Genuss eines eigenen Zimmers kommen würde.[2]

Hat dieser Drang Sol vielleicht dahingehend beeinflusst, mit dem Geld, das er in seiner Fußballkarriere verdiente, ein 50 Millionen Euro schweres Immobilienimperium aufzubauen?

Gina Miller, eine Aktivistin und Investmentmanagerin, erinnerte sich an die große Klugheit ihrer Mutter während ihrer Kindheit in Guyana.

»Sie war unglaublich vorsichtig mit Geld, und die Lektion, die sie an uns Kinder weitergab, war: Was man heute hat, kann morgen bereits verloren sein – man muss also gut darauf achtgeben«, sagte sie mir.[3] »Selbst als mein Vater erfolgreicher wurde und wir Geld hatten, mussten wir sorgfältig damit umgehen.«

Hat dies vielleicht dazu beigetragen, dass Gina eine starke innere Sicherheit im Umgang mit Geld und Finanzen entwickelte, mehrere Unternehmungen aufgebaut hat und heute eine der prominentesten Frauen der Londoner High Society ist? Ich glaube hier nicht an einen Zufall.

Bevor Sie nun auf meine Frage antworten, möchten Sie die Geschichte meiner ersten Gelderinnerung hören? (Ich erzähle sie Ihnen sowieso.)

Ich weiß noch, wie ich im Alter von fünf Jahren nachts aus dem Bett geklettert bin und zugeschaut habe, wie meine Eltern gemeinsam am Küchentisch ihre Finanzen verwaltet haben. Das Geld war damals knapp bei uns, aber ich fühlte mich sicher, weil ich wusste, dass meine Eltern zusammenarbeiteten und das Geld gut einteilten, damit wir immer genug hatten – außerdem wusste ich, dass sie in Mums dickem Kochbuch Umschläge mit Bargeld für jede Woche versteckten! (Und nein, ich habe es nie gewagt, daraus einen Fünfer zu stibitzen.)

Meine Mum hat nicht gearbeitet, als mein Bruder und ich klein waren, aber die Tatsache, dass sie so viel Mitspracherecht darin hatte, wie das Gehalt meines Vaters aufgeteilt und ausgegeben wurde, hat definitiv meinen späteren ausgeprägten Sinn für finanzielle Unabhängigkeit geformt.

Doch nicht immer sind unsere frühen Gelderinnerungen so angenehm.

Eine meiner schmerzhaftesten Erinnerungen ist, dass ich mich immer danach gesehnt habe, modische Kleidung zu tragen, keine geerbten oder im Secondhandladen gekauften Sachen. Ich weiß noch, wie meine Mutter und ich, als sie wieder anfing zu arbeiten, in den Tempel jugendlichen Glücks namens Tammy Girl gingen und welches Outfit sie mir dort kaufte. Als Erwachsene habe ich immer dazu geneigt, viel Geld für Kleidung auszugeben, auch wenn man heute sehr gut im Internet recherchieren kann, dass meine modischen Entscheidungen nicht immer klug waren!

Geld – oder der Mangel an Geld – ist eine häufige Ursache für Konflikte. In meinem Freundeskreis sagen viele, dass ihnen besonders im Gedächtnis geblieben ist, wie sich ihre Eltern über finanzielle Themen streiten. Das kann den Grundstein für Gefühle wie Angst oder Scham in Bezug auf Geld legen oder die Ursache dafür sein, dass wir nie die richtigen Worte finden, wenn wir über Geld sprechen möchten. Wie ist es bei Ihnen? Wäre es Ihnen lieber, das Thema ganz zu vermeiden und lieber den Preis dafür zu bezahlen?

Können aus schlechten Erinnerungen gute Geldangewohnheiten entstehen?

Negative Erfahrungen können auch Auslöser für Veränderungen sein. Meine gute Freundin Lindsay Cook, Host des Podcasts *Mrs Mean Money Show*, kann hervorragend mit Geld umgehen und ist immer die Erste, die ich anrufe, wenn ich unsicher bin.

Sie wuchs in den 1960er-Jahren in Grimsby auf, und ihr Vater war ein zorniger Mann. »Er war furchtbar mit Geld«, erinnert sie sich. »Er kaufte neue Autos, schicke Kleidung und war ein wichtiger Unterstützer des hiesigen Konservativen-Vereins oder zumindest von dessen Bar. Es gab nie genug für die lebensnotwendigen Dinge, und er und meine Mutter hatten gewaltige Streits deswegen.«

GELD: EINE EMOTIONALE ANGELEGENHEIT

Sobald sie konnte, verließ Lindsay ihr Zuhause, begann ihre Karriere als Finanzjournalistin und kaufte mit Anfang zwanzig ihr erstes Haus. »Damals war das ungewöhnlich für eine Singlefrau, aber ich wollte vor allem finanziell unabhängig sein und nicht wie meine Mutter in einer Falle enden.«

Nicht ganz so traumatisch, aber ebenfalls immer wieder von vielen als »schlechte Erinnerung« genannt: der Mathematikunterricht in der Schule. In einer Podcastfolge, die ich anlässlich des britischen National Numeracy Days (Nationaler Rechentag) aufgenommen hatte, erzählte die 22-jährige Hörerin Jade von dem brennenden Schamgefühl, wenn sie im Matheunterricht nicht die richtigen Antworten wusste.[4] Noch Jahre später, als Erwachsene, hielten die Gedanken an die vielen rotstifttriefenden Schulaufgaben sie davon ab, sich mit Zahlen und Geld zu beschäftigen.

Jade war überzeugt: »Zahlen sind nicht mein Ding«. Kommt Ihnen das bekannt vor?

Geld und Mathe

Ich verrate Ihnen einmal ein Geheimnis. In der Schule war Mathe immer mein schlechtestes Fach. Die Grundlagen bekam ich ganz gut hin (solange ich einen Stift hatte, auf dem ich herumkauen konnte), aber ich war nie so schnell wie die anderen. Bis heute überprüfe ich auch einfache Summen auf meinem iPhone-Taschenrechner, weil ich meinem Gehirn nicht ganz vertraue, dass es richtig gerechnet hat.

Als Frau, die über komplexe Finanzthemen wie Steuern und Renten schreibt, musste ich diese Blockade natürlich überwinden! Und ich bin zwar nicht die Schnellste, aber ich weiß, dass ich die Lösungen finden *kann*, wenn ich in meinem eigenen Tempo vorgehe – und darauf konzentriere ich mich.

Als Jugendliche jedoch war ich meiner armen Lehrerin Mrs Saggar gegenüber ziemlich pampig: »Miss, wozu brauche ich den Satz des Pythagoras? Als Erwachsene muss ich doch sowieso nie ein Dreieck berechnen!«

Es ist fast 30 Jahre her, dass ich mit Ach und Krach meinen Schulabschluss gemacht habe, und siehe da: Mir ist seitdem kein einziger Dreieckberechnungsnotfall untergekommen (obwohl ich nach wie vor weiß: $A^2 + B^2 = C^2$).

Deshalb ist das Ziel der Kampagne für finanzielle Bildung und Inklusion (Financial Literacy and Inclusion Campaign, kurz FLIC) der *Financial Times*, dass Mathematikunterricht in der Schule mehr »Geldmathe« enthält. Kinder interessieren sich natürlicherweise für Geld, und wir könnten ihren Geist mit allen möglichen zukünftigen Alltagskompetenzen vertraut machen. Wie wäre es mit einer Prüfungsfrage, bei der es darum geht, die Preise verschiedener Mobilfunkverträge zu vergleichen und herauszufinden, ob man mehr ausgibt, wenn man die Summe für ein 500 Euro teures Smartphone auf einen Schlag hinlegt oder es über zwei Jahre lang mit monatlich 30 Euro abbezahlt?

Ich habe Handys als Beispiel gewählt, weil sie für 14- oder 15-Jährige extrem wichtig sind. Im Unterricht von Nicola Butler aus Colwyn Bay in Wales hingegen sind Haarextensions auf Kredit ein Thema (sie wurde 2021 als Personal Finance Teacher of the Year ausgezeichnet).[5]

Ihr Ziel ist es, den Unterricht so realistisch wie möglich aufzubereiten. Wenn alle über Haare reden, lenkt sie das Gespräch schnell auf die Verlockungen von Konsumkrediten und die wahren Kosten des Geldleihens (bei einem Preis von 400 Euro werden die meisten ihre Extensions noch abbezahlen, wenn diese längst herausgewachsen sind).

Wie wäre es – statt unzählige Unterrichtsstunden auf Dreiecke zu verwenden –, zu erklären, warum Kreditkarten die teuerste Art und Weise der Bezahlung sind, wie »Jetzt kaufen, später bezahlen« uns dazu bringt, mehr auszugeben, dass wir auf unsere zukünftigen Verdienste Einkommenssteuer zahlen oder dass wir bei Renteneintritt 25 Prozent mehr Geld zur Verfügung haben, wenn wir ab dem Alter von 20 Jahren 1 Prozent zusätzlich in die Altersvorsorge einzahlen?

Natürlich werde ich Ihnen zu all dem auf den folgenden Seiten etwas beibringen, aber hätten Sie als junger Mensch mehr darüber gewusst, hätten Sie möglicherweise einige teure Fehler vermeiden – oder wertvolle Gewohnheiten entwickeln können.

Doch kehren wir erst einmal zu *Ihren* ersten Erinnerungen in Verbindung mit Geld zurück.

Bei diesem Mangel an öffentlicher finanzieller Bildung werden höchstwahrscheinlich unsere Eltern, Großeltern oder andere Familienmitglieder großen Einfluss gehabt haben und im Laufe der Jahre eine Quelle der Information – und Inspiration – gewesen sein.

Sich diese frühen Gelderinnerungen bewusst zu machen, ist ein unglaublich wichtiger Schritt. Die Frage danach ist außerdem ein toller, harmloser Einstieg in ein weiterführendes Gespräch über Geld mit dem Partner, der Partnerin oder einem Familienmitglied – mehr dazu in Kapitel 9.

Warum möchte ich, dass Sie darüber nachdenken?

Weil es erhellende Antworten hervorbringen kann – diese Erinnerungen haben wir nicht ohne Grund behalten!

 GEWOHNHEIT NUMMER EINS:
Seien Sie rational statt emotional

Geld und Gefühle zu trennen, ist leichter gesagt als getan. Später werden wir von Vicky Reynal hören, einer Psychotherapeutin, die darauf spezialisiert ist, Menschen mit einem problematischen Verhältnis zu Geld zu helfen.

Allzu häufig ist das Problem nicht das Geld selbst, sondern *wofür es in ihrem Leben steht*. Egal ob Sie sagen würden, dass Ihr Verhältnis zu Geld »gut«, »schlecht« oder irgendetwas dazwischen ist – ich denke, wir alle können etwas daraus mitnehmen.

An der Oberfläche könnte das so aussehen, dass wir zu viel Geld ausgeben, unsere Finanzen vernachlässigen, obsessiv Cents zählen oder große Risiken eingehen. Vicky sagt jedoch, was uns antreibt, seien »Sehnsüchte und Ängste rund um Sicherheit, Macht, Selbstvertrauen, Männlichkeit, Weiblichkeit, Kontrolle oder Liebe«.

Um einen rationaleren Blick auf unsere emotionalen Reaktionen in Bezug auf Finanzen zu entwickeln und Geld als nützliches Werkzeug zu sehen, das uns verschiedene Möglichkeiten eröffnet, ist es notwendig, dessen Rolle in unserem Leben anzuerkennen und zu akzeptieren.

Für sich genommen wird *mehr* Geld zu haben unsere emotionale Beziehung zu Geld nicht verändern oder unsere finanziellen Probleme lösen. Statistiken zeigen, dass 70 Prozent der Menschen in den Vereinigten Staaten, die im Lotto gewinnen, letztendlich pleitegehen.[6] Egal, wie viel Geld wir haben – um es so gut wie möglich auszunutzen, müssen wir rationale Entscheidungen treffen.

Wie ich Ihnen zeigen werde, haben unsere frühen Erinnerungen an Geld einen bleibenden Einfluss – durch sie bilden sich unsere Gewohnheiten heraus. Stellen Sie sich jede Gewohnheit wie eine Abkürzung beim Treffen einer Entscheidung vor. Wir tun etwas auf Autopilot, erinnern uns aber nicht unbedingt daran, warum wir es tun. Wir entwickeln eine Reihe von Gewohnheiten, die unser Gehirn veranlassen, auf bestimmte Weise mit Geld zu ver-

fahren, und daraus wird unsere spätere »Finanzpersönlichkeit«.

Beispielsweise erinnern Sie sich vielleicht, dass Sie es
als Kind aufregend fanden, Ihr Taschengeld in ein Spar-
schwein zu stecken. Als Erwachsene sind Ihnen diese Spar-
gewohnheiten möglicherweise in Fleisch und Blut übergegangen: Sie sind großartig darin, Geld beiseitezulegen,
und es fällt Ihnen leicht, Ihre Ausgaben im Griff zu haben.

Vielleicht sind Ihre lebendigsten Erinnerungen jedoch
die Streitigkeiten Ihrer Eltern über Geld. Sie haben gelernt, Geld mit Konflikten zu verknüpfen, und vermeiden
das Thema im Erwachsenenalter deshalb lieber.

Wenn allein der Farbton eines Briefumschlags eine
Gefühlsreaktion hervorrufen kann, dann mit Sicherheit
der gelbe des Finanzamts. *Förmliche Zustellung.* Früher
reagierte ich panisch, wenn ich beim Heimkommen einen
solchen Brief vorfand! Aus Angst, darin könnte eine hohe
Rechnung sein, versteckte ich den ungeöffneten Brief
deshalb lieber unter der Obstschale.

Heute ist meine rationale Reaktion, den Brief zu öffnen,
noch bevor ich den Mantel ausgezogen habe. Ich habe
gelernt, wenn es ein Problem mit Steuern gibt, löse ich es
am besten sofort. In der Regel enthält der Umschlag aber
ohnehin nur eine banale Information über irgendwelche
geringfügigen Änderungen.

Die emotionalen Grundlagen unseres persönlichen
Verhältnisses zu Geld zu verstehen, führt nicht selten zu

entscheidenden AHA-Momenten – der Groschen fällt, wenn uns klar wird, wie unsere heutige Einstellung zu Geld entstanden ist.

Und, ganz wichtig: Dies ist ein erster Schritt auf der Reise zur Verbesserung dieses Verhältnisses.

___

Was ist Ihre Finanzpersönlichkeit?

In der Psychologie wird das Konzept der »Finanzpersönlichkeit« im Allgemeinen dazu verwendet, unser emotionales Verhältnis zu Geld aufzudecken und besser zu verstehen, wie es unsere finanziellen Entscheidungen beeinflusst.

Mein Kommentar dazu? »Hmm!«

Einerseits kann uns das erleichtern, uns weitverbreitete Persönlichkeitsmerkmale anzusehen, offener dafür zu werden, die emotionalen Wurzeln unserer am tiefsten verankerten Geldangewohnheiten zu betrachten, und, indem wir sie uns objektiv ansehen, rationalere Herangehensweisen zu finden.

Andererseits sind wir komplexe Wesen und unsere Geldpersönlichkeiten besitzen viele Facetten. Unser Verhältnis zu Geld lässt sich nicht auf einen einzigen Stereotyp reduzieren. Meine erste Warnung ist also, dass die verschiedenen Persönlichkeiten, die ich auf den folgenden Seiten beschreibe, Extremversionen darstellen – und dass meine Darstellungen mit einem Augenzwinkern zu lesen sind.

Um noch einmal auf den Matheunterricht in der Schule zurückzukommen: Es handelt sich im Grunde genommen um ein Mengen-Diagramm, und es ist gut möglich, dass Sie sich in mehreren Persönlichkeiten wiederfinden (bei mir ist das definitiv der Fall). An manchen Tagen bin ich die Königin der Tabellenkalkulation, an anderen möchte ich einfach nur den Kopf in den Sand stecken (oder eine schöne, kühle Flasche Wein).

Ja, selbst »Expert*innen« für diese Themen haben mal frei!

Wir müssen uns damit abfinden, dass wir alle Fehler im Hinblick auf unsere Finanzen machen – das gehört einfach dazu. Wichtiger ist es, dass wir uns wieder aufrappeln, aus diesen Fehlern lernen und weitermachen. Es ist keine Schande, zuzugeben, dass Sie Geldangelegenheiten schwierig oder öde finden – aber es führt kein Weg daran vorbei, sich damit auseinanderzusetzen.

Und schließlich fürchte ich, ein selbstauferlegtes »Etikett« könnte dazu führen, dass manche glauben, für immer zu einem bestimmten Verhältnis zu Geld verdammt zu sein. Wie Sie anhand der Fallbeispiele in diesem Buch sehen werden, ist Veränderung – selbst wenn sie nicht linear verläuft – definitiv möglich.

Um Ihre Einstellung zu verändern, müssen Sie diese jedoch kennen. Schauen Sie also, was Ihnen meine kleinen Charakterporträts auf den nächsten Seiten sagen, welche fi-

nanziellen Persönlichkeitsmerkmale Sie mit ihnen gemeinsam haben und von welchen Geldgewohnheiten Sie profitieren könnten.

 TEURE TINA

Motto: *Ist das Leben hart, shoppe härter.*

Das könnten Sie sein, wenn: Sie die 22 Stellen Ihrer IBAN
vom vielen Onlineshopping auswendig können.

Persönlichkeitsmerkmale: Für teure Tinas bedeutet Geldausgeben oft, ihrem Selbstbewusstsein einen Schub zu geben. Sie sind überzeugt, dass Markenkleidung, bestimmte
Sneaker oder das neueste Tech-Spielzeug sie glücklich machen werden. Sie genießen das Geldausgeben durch und
durch, aber das gute Gefühl hält nicht lange an. Manchmal fühlen sie sich schuldig oder schämen sich nach dem
Shoppen. (Übrigens betrifft das nicht nur Frauen – diese
Finanzpersönlichkeit könnte genauso gut auch teurer Tom
heißen.)

Wenn jemand so viel Geld ausgibt, kann das auch vom psychologischen Phänomen der »Statusangst« herrühren – dem
zwanghaften Vergleichen und der Angst vor dem Urteil anderer (Hallo, Instagram). Einmal habe ich bei einem Finanz-
event eine Lehramtsanwärterin getroffen, die ihre Kredit-

WAS IST IHRE FINANZPERSÖNLICHKEIT?

karten bis zum Limit ausgeschöpft hatte, weil sie großzügige Geschenke für ihre besserverdienenden Bekannten von der Uni gekauft hatte, aus Angst, sonst von ihnen fallengelassen zu werden. Sie war so eine sympathische Frau, doch in ihren hohen Schulden drückte sich ihr niedriges Selbstwertgefühl aus.

Diese Unzulänglichkeitsgefühle können durch Einsamkeit oder mangelndes Selbstbewusstsein bedingt sein – in jedem Fall ist es unwahrscheinlich, dass eine Menge Geld auszugeben Sie glücklicher machen wird.

Was auch immer Ihren Hang zum Geldausgeben verursacht, teure Tinas riskieren ihr zukünftiges Glück, indem sie ihre Ersparnisse plündern und nicht zu bewältigende Schulden anhäufen.

Eine Geldgewohnheit, von der diese Geldpersönlichkeit wirklich profitieren könnte: mit einem Wort – *Budgetplanung*. Wenn Sie das Geldausgeben nicht beschränken, werden Sie irgendwann auf die Nase fallen. Sich ein greifbares Sparziel zu setzen, könnte teuren Tinas (und Toms) helfen, das Sparen mit einem bestimmten Zweck und dem bloßen Aufschieben der Befriedigung zu verknüpfen statt einem Vertagen bis zum Sankt-Nimmerleins-Tag (das gehen wir in Kapitel 2 an). Falls Geldausgeben für Sie eine »Belohnung« ist (vielleicht für harte Arbeit?), schreiben Sie eine Liste mit kostenlosen oder günstigen Dingen, die Sie sich stattdessen gönnen können.

 **YOLO**

Motto: *You only live once – Man lebt nur ein Mal.*

Das könnten Sie sein, wenn: Sie jemals ohne jede Ironie die Worte »Alles ist möglich« gesagt haben.

Persönlichkeitsmerkmale: Yolos sind bereit, große Risiken einzugehen, um schnell reich zu werden, auch wenn sie dadurch ebenso schnell pleitegehen können. Das ist manchmal eher der Hoffnungslosigkeit als dem Wagemut geschuldet. Unbezahlbare Immobilienpreise, gewaltige Studienkreditschulden, die steigenden Lebenshaltungskosten – die Reaktion von Yolos darauf ist: »Welchen Sinn hat es da, vernünftig zu sein?«

Gefühle der Unzulänglichkeit können dazu führen, dass Yolos Geld mit Macht, Status und Prestige verbinden. Wenn sie welches verdienen, geben sie es gern für Dinge aus, von denen sie glauben, dass sie ihren Wohlstand und ihre Tüchtigkeit sichtbar demonstrieren.

Häufig haben sie eine »Alles oder nichts«-Herangehensweise an Anlagerisiken und setzen große Summen auf Kryptowährungen und Einzelaktiengeschäfte (siehe Kapitel 6). Yolos haben kein Problem damit, über Geld zu sprechen, aber sie sind sehr empfänglich für Gruppenzwang. Sie prahlen vielleicht auf Social Media mit den Gewinnen ihrer Investments, geben jedoch selten zu, wenn sie Verluste machen – und tief im Inneren fällt es ihnen möglicherweise sehr schwer, mit ihnen umzugehen.

Eine Geldgewohnheit, von der Yolos wirklich profitieren könnten: das Risiko reduzieren. Yolos halten sich vielleicht für besonders clevere Investor*innen, doch die Ergebnisse haben mehr mit Glück als mit Urteilsvermögen zu tun. Beschränken Sie die riskanten Anlagen auf einen Teil Ihres Portfolios und investieren Sie etwas Zeit darin, in Kapitel 7 mehr über die Grundlagen zu lernen. Altersvorsorge kann aufregender sein, als Sie glauben – und wer gern auf der Investitionsachterbahn fährt, braucht für den Notfall ein finanzielles Polster.

 GOBLIN

Motto: *Mein Schatz!*

Das könnten Sie sein, wenn: es Ihnen mehr gibt, Geld zu sparen, als es auszugeben.

Persönlichkeitsmerkmale: Goblins haben das Hamstern praktisch erfunden. Von Natur aus sparsam, sind sie großartig darin, Geld zurückzulegen. Sie mögen es, ihr Gold zu zählen, und haben die Neigung, sich obsessiv mit ihren Finanzen zu beschäftigen. Das liegt daran, dass sie Geld stark mit Sicherheit verknüpfen – vielleicht gab es in ihrer Kindheit nicht viel davon.

Goblins fällt es schwer, beim Investieren etwas zu wagen. Es ist gut möglich, dass sie große Summen auf Sparkonten liegen haben, die aber durch die hohe Inflation dahinschmelzen könnten (mehr dazu im nächsten Kapitel!). Sie möchten nichts aufs Spiel setzen. Aber gar keine Risiken einzugehen, könnte riskanter sein, als ihnen bewusst ist.

Goblins konzentrieren sich manchmal so stark darauf, Geld zu verdienen, und arbeiten so hart, um es zu vermehren, dass sie wenig Zeit haben, die Früchte ihrer Mühen zu genießen. In einer Partnerschaft mit einem Nicht-Goblin kann das zu Konflikten führen.

Eine Geldgewohnheit, von der Goblins wirklich profitieren könnten: Geben Sie sich selbst die Erlaubnis, etwas von dem Geld zu genießen, für das Sie sich ins Zeug gelegt haben. Vielleicht fällt Ihnen das Geldausgeben und -investieren leichter, wenn Sie zuerst alles genau planen, damit Sie sicher sein können, dass Ihr Budget genug hergibt (in Kapitel 7 schauen wir uns an, wie Sie Ihren eigenen Finanzplan erstellen können).

 TABELLENTIER

Motto: *Wenn du scheiterst zu planen, planst du zu scheitern.*

Das könnten Sie sein, wenn: Sie jemals in Excel geträumt haben.

Persönlichkeitsmerkmale: Tabellentiere haben keine Angst vor Zahlen und betrachten Geld als Werkzeug – eine Geldgewohnheit, die wir uns alle abgucken können! Als sorgfältig Planende nutzen sie gern Technik, um ihre Kennzahlen zu prognostizieren, und kontrollieren ihre Finanzen minutiös. Ihre Kostenkalkulation ist so exakt, dass sie wahrscheinlich eine Rubrik »ungeplante Ausgaben« für Unvorhergesehenes haben. In manchen Fällen überkompensieren sie so jedoch ein Gefühl der Ohnmacht in anderen Lebensbereichen.

Aufgrund ihrer Neigung, sich zu viele Gedanken zu machen und jeden Cent zu verplanen, können sie Schwierigkeiten haben, mit unerwarteten Situationen zurechtzukommen. Genau wie der Goblin knüpfen Tabellentiere ihr Selbstwertgefühl mitunter an ihren finanziellen Erfolg – wahrer Reichtum ist jedoch so viel mehr als bloß eine Menge Geld (wir müssen auch in unsere Gesundheit, unsere Freundschaften und unsere Beziehungen investieren).

Eine Geldgewohnheit, von der Tabellentiere wirklich profitieren können: das große Ganze im Blick behalten. Fokussieren Sie sich zu stark auf die Details, verlieren Sie möglicherweise Ihre übergreifenden Ziele aus den Augen. Pläne sind dazu da, angepasst zu werden. Kontrollieren Sie Ihr Geld, oder kontrolliert Ihr Geld Sie? Anders gesagt: Sind Sie so gnadenlos auf Geld fixiert, dass Sie vergessen, Spaß zu haben? Kapitel 9 könnte Ihnen helfen, falls nötig neue Wege zu finden, in Ihrer Partnerschaft über Geld zu sprechen.

DAS NERVENBÜNDEL

Motto: *Ja. Ich meine, nein. Ich meine, ja! (Vielleicht.)*

Das könnten Sie sein, wenn: Sie in Bezug auf Geld in einem Zustand ständiger Angst leben.

Persönlichkeitsmerkmale: In Zeiten wie diesen sind alle nervös wegen ihrer Finanzen, und sein Leben mit einem geringen Einkommen bestreiten zu müssen, ist eine Tatsache und kein Charakterzug. Doch selbst Nervenbündel, die etwas Geld beiseitelegen konnten, haben unter Umständen echte Schwierigkeiten, finanzielle Entscheidungen zu treffen. Das mag von einem Mangel an Selbstvertrauen auf anderen Gebieten herrühren oder schlicht daher, dass sie sich mit dem Jargon der Finanzwelt überfordert fühlen.

Häufig bewirkt ihre Angst vor der *falschen* Entscheidung, dass sie gar keine treffen – was sie auf lange Sicht Geld kosten kann.

Besserverdienende Nervenbündel neigen dazu, mit ihren Investments herumzuspielen und wegen ihrer emotional gesteuerten Reaktionen teure überstürzte Entscheidungen zu treffen (wie beispielsweise zu verkaufen, wenn der Wert ihrer Anlagen sinkt). Überspekulation (also ständiges Kaufen und Verkaufen) kann dazu führen, dass sie viel mehr als nötig für Bearbeitungsgebühren ausgeben.

Eine Geldgewohnheit, von der Nervenbündel wirklich profitieren können: Versuchen Sie, sich auf das zu konzentrieren, was Sie beeinflussen *können*, nicht auf das, was außerhalb Ihrer Macht liegt. Mit jemandem über Ihre Ängste zu sprechen und sie zu artikulieren, kann helfen. Außerdem könnte ein Termin bei einer professionellen Finanzberatung eine kluge Investition sein. Lesen Sie Kapitel 7 für Fakten zum Thema »langsam reich werden«, und lernen Sie in Kapitel 8, Ihre nervöse Energie in die Maximierung Ihres Einkommens zu stecken.

 VOGEL STRAUSS

Motto: *Ich stecke den Kopf in den Sand.*

Das könnten Sie sein, wenn: Sie jedes Mal beim Bezahlen mit Karte ein stummes Gebet ausstoßen.

Persönlichkeitsmerkmale: Es gibt viele emotionale Auslöser für ein Vogel-Strauß-Verhalten. Schwierigkeiten mit Geld oder Berührungsängste mit Zahlen, die vielleicht von schlechten Erfahrungen im Mathematikunterricht herrühren. Vielleicht verschließen Sie wegen anderer Probleme im

Leben die Augen vor dem Zustand der eigenen Finanzen oder schämen sich für vermeintliche finanzielle Fehler und trauen sich nicht, sich Unterstützung zu holen. Vogel Strauße können durch ein finanzielles Trauma geprägt sein, wenn sie beispielsweise bei einem Betrug viel Geld verloren haben – und damit in Geldangelegenheiten auch ihr Selbstvertrauen. Oder sie verlassen sich auf ihren Partner oder ihre Partnerin oder ein Familienmitglied und haben deshalb kein klares Bild ihrer wahren finanziellen Situation.

Tief im Inneren wissen viele Strauße, dass es seinen Preis hat, sich nicht um seine Finanzen zu kümmern – das reicht von Mahngebühren bis dahin, dass sie Gelegenheiten zum Geldverdienen verpassen. Ihre Angst davor, sich mit Geld auseinanderzusetzen, ist größer als ihre Angst vor Schwierigkeiten.

Eine Geldgewohnheit, von der ein Vogel Strauß wirklich profitieren könnte: die Dinge Schritt für Schritt angehen. Die eigenen Finanzen zu managen, kann einen überfordern, und niemand sollte versuchen, alles auf einmal in Ordnung zu bringen – das führt im wahrscheinlichsten Fall nur dazu, dass Sie den Kopf schleunigst wieder in den Sand stecken wollen! Nehmen Sie sich stattdessen eine Sache vor, mit einer Deadline und einer Belohnung dafür, dass Sie die Aufgabe erledigt haben. Dies wird Ihnen das Selbstvertrauen geben, zum nächsten Schritt überzugehen. Falls Sie immer noch Angst haben, kennen Sie vielleicht einen anderen Strauß, der Ihr Vogelkumpel sein könnte? In Kapitel 3 gebe ich außerdem VIELE Tipps dazu, wie Sie die Macht der Automatisierung nutzen können – das wird Ihnen gefallen.

Nun haben wir einige der gängigsten Gefühlsreaktionen in Bezug auf Geld identifiziert. Hoffentlich hilft Ihnen die Benennung dabei, objektiver über sie nachzudenken, und vielleicht vereinfacht es das Sprechen über Geld in Ihrer Partnerschaft oder mit Freunden.

Ich persönlich halte mich für 50 Prozent Goblin, 40 Prozent Tabellentier und 10 Prozent teure Tina (aber ich habe auch immer noch Tage, an denen ich mich wie ein Vogel Strauß fühle!).

Wie ich schon sagte: Stolz hat seinen Preis. Geldprobleme haben die unangenehme Eigenschaft, sich zu verschlimmern, wenn wir sie ignorieren. Aber es ist keine Schande, sich Hilfe zu suchen, und ich werde Sie mit diesem Buch dabei unterstützen, Ihre Finanzen geregelt zu bekommen.

Das Wesentliche ist, ein Bewusstsein für diese Charakterzüge zu entwickeln, sich für eine rationalere Herangehensweise zu entscheiden und sich die Frage zu stellen: »Was könnte passieren, wenn ich die Dinge anders anginge?«

Blättern Sie einmal um, dann erfahren Sie, wie Sie mit all dem beginnen können.

2

Ausgeben, ausgeben, ausgeben

ch beginne mit dem, was uns im Zusammenhang mit Geld am vertrautesten sein dürfte – dem Ausgeben!

Ob es uns bewusst ist oder nicht, die mächtigen Kräfte des Konsumkapitalismus zielen wie eine Laserpistole auf unser Gehirn und bringen uns dazu, Geld, das wir nicht haben, für Dinge auszugeben, die wir nicht benötigen.

Konsumorientierte Unternehmen investieren eine Menge, um uns zu einer besseren, profitableren Kundschaft zu »erziehen«. Von den Milliarden, die für Werbe- und Marketingkampagnen ausgegeben werden, über Rabatte bis hin zu Instagram-Neid-Storys – sie wissen, wie sie uns »spielen« und unsere Emotionen manipulieren können.

Aber wer bringt uns bei, dem zu widerstehen?

In diesem Kapitel werde ich Ihnen die Augen öffnen im Hinblick auf gängige Geld-aus-der-Tasche-zieh-Techniken. Wir denken ausführlich über die zweite der sieben Gewohnheiten nach – bewusste Finanzentscheidungen treffen – und lernen Techniken kennen, um unsere Gehirne so umzutrainieren, dass wir Geld für Dinge ausgeben, die wirklich von Wert sind.

Geldsparmythen

Im Internet entdecke ich ein Paar Sneakers für 100 Euro. Da ich den schwarzen Gürtel im Onlineshopping habe, bin ich schlau genug, ein weiteres Fenster zu öffnen und nach einem Aktionscode zu suchen … Bingo!

Supi, es gibt 20 Prozent Rabatt. Zur Kasse gehen, kopieren, einfügen und voilà! Es funktioniert.

Meine Frage an Sie: Wie viel Geld habe ich gespart? (Merken Sie sich diese Zahl – wir kommen später zu der Antwort.)

Ich gebe gern zu, dass einer meiner größten Shoppingtrigger ein Preisnachlass ist. Outlets, Schlussverkauf, Produkte mit roten Aufklebern im Supermarkt … (Ganz zu schweigen die »25 Prozent weniger«-Angebote, wenn man sechs Flaschen Wein kauft – gefährlich.)

Geld zu sparen, fühlt sich gut an! Ich liebe es, wenn ich ein Kompliment für ein Kleidungsstück bekomme, das ich trage, und selbstgefällig antworten kann: »Das war herabgesetzt!« Ja, es fällt mir sogar ziemlich schwer, Dinge zu kaufen, die *nicht* reduziert sind (Hallo, innerer Goblin).

Sagen wir, ich schaue mir in einem Geschäft zwei Pullover an – der eine kostet 40 Euro, der andere ist auf 40 Euro *herabgesetzt* und hat vorher mehr gekostet. Ich würde definitiv den reduzierten kaufen wollen. Sie nicht auch? Zwei gute Dinge auf einmal – ein hübscher Pullover *und* eine Ersparnis! Es fühlt sich an, als hätte man mehr für sein Geld bekommen. Was ich in diesem Augenblick vergessen habe, ist, dass ich bereits mindestens zehn Pullover besitze ...

Kehren wir zu meiner ursprünglichen Frage zurück: Wie viel Geld habe ich gespart, wenn ich einen 20-Prozent-Rabattgutschein auf die 100 Euro teuren Schuhe anwende?

Es fühlt sich an, als hätte ich 20 Euro gespart. Aber die korrekte Antwort ist, dass ich gerade 80 Euro *ausgegeben* habe. »Geld ausgeben, um zu sparen« ist der größte Sparmythos aller Zeiten.

Wir alle möchten mit unserem Geld haushalten – besonders momentan – und die Konsumgiganten wissen das. Doch sie wollen verhindern, dass wir weniger ausgeben! Also verführen sie uns, indem sie betonen, wie viel wir mit unterschiedlichen Angeboten, Reduzierungen und Treuepunkten sparen können. Oft wird das mit einer Frist verknüpft, damit wir definitiv zuschlagen. (Schnell! Endet dieses Wochenende!)

Sind Ihnen diese Formulierungen schon einmal aufgefallen?

- 15 Euro Rabatt, ab einem Mindesteinkaufswert von 150 Euro!
- 500 Extrapunkte, wenn Sie mehr als 50 Euro ausgeben!
- Drei für 10 Euro! (Verrückt, dass es immer nur zwei Dinge gibt, die man wirklich will.)

Wir werden dazu überredet, *mehr* Geld auszugeben – und trotzdem sind wir überzeugt, wir würden Geld *sparen* und hätten ein großartiges Angebot bekommen. Es ist leichter, das vor uns selbst zu rechtfertigen: Wir haben vielleicht unser Budget überzogen, aber das ist in Ordnung, denn wir haben ja ein Schnäppchen gemacht.

Was ist also los mit unseren Gehirnen, dass sie uns weismachen, Geldausgeben sei Geldsparen – und wie können wir das neu denken?

Der Autor Tim Harford ist besser bekannt als »Undercover Economist«-Kolumnenschreiber der *Financial Times* und Moderator von *More or Less*, einer britischen Sendung auf Radio 4. Er ist Verhaltensökonom (das ist die Lehre dessen, was menschliche Entscheidungen beeinflusst) und hat mir erklärt, dass es bei unserer Wahrnehmung eines »Schnäppchens« vor allem um einen Vergleich geht.

Wenn wir erwägen, etwas in einem Geschäft (oder auf einer Website) zu kaufen, schauen wir auf die Preise und fragen uns: »Ist das viel Geld oder nicht?« Dazu müssen wir den Preis mit anderen Preisen vergleichen.

»Ein Nachlass ermöglicht dem Händler, einen Vergleich zu schaffen, der das Angebotene wie einen richtig guten Deal erscheinen lässt«, erklärt Tim.

Nehmen Sie die Turnschuhe. Normalerweise würden sie 100 Euro kosten, aber heute sind sie auf 80 Euro reduziert (wobei Händler eigentlich selten Preise angeben, die mit einer Null enden – psychologisch betrachtet erscheinen solche, die auf eine Neun enden, viel günstiger!). Sagen wir also, auf dem Etikett steht 99 Euro, doch nun sind sie auf

79 Euro reduziert. Wir freuen uns so sehr über den 20-Euro-Rabatt, dass wir nicht darüber nachdenken, wie die 79 Euro im Vergleich mit ähnlichen Sneakern aus einem anderen Geschäft oder von einer anderen Website abschneiden.

Tim beschreibt dies als »kognitive Abkürzung«: Es ist einfacher, den reduzierten Preis als den besten Indikator für den Wert eines Produkts heranzuziehen. Wir bekommen Sneaker im Wert von 99 Euro für nur 79 Euro! Da gibt es jedoch noch ein Problem ...

»Viele Reduzierungen sind völlig erfunden«, sagt er. »Der Originalpreis ist nur eine Geschichte, die man uns erzählt, um den Rabatt verlockender erscheinen zu lassen.«

Es gibt Vorschriften – Händler müssen den Artikel für einen bestimmten Zeitraum *irgendwo* für den Originalpreis verkauft haben. Doch in Wirklichkeit können sie sich jeden Nachlass aus den Fingern saugen, der ihnen gefällt.

Ein weiteres Beispiel dafür hat mit dem Verkauf von Geräten wie Kameras oder Brotbackautomaten zu tun. In amerikanischen Konsumstudien der Stanford University wurde festgestellt: Lässt man Menschen die Wahl zwischen zwei Artikeln – einem Modell für 149 Dollar oder einem für 499 Dollar – neigen sie dazu, die günstigere Variante zu wählen. Wird jedoch die »dritte Option« eines Knallergeräts für 999 Dollar eingeführt, wirkt der mittlere Preis plötzlich wie der beste Deal.

Ähnliche Kräfte sind bei »Jetzt kaufen, später zahlen«-Angeboten am Werk, wo wir uns auf den weitaus niedrigeren

Preis der monatlichen Raten konzentrieren und nicht den viel höheren Gesamtpreis (darauf gehe ich in Kapitel 4 näher ein). Doch es gibt wohl kein besseres Beispiel für dieses Phänomen als das Multimilliarden-Geldausgebe-Spektakel Black Friday.

Regelmäßig analysiert u. a. die Preisvergleichsplattform idealo im Nachhinein alle möglichen Deals und Sonderangebote, und dabei kommt meistens heraus, dass man bei den Black-Friday-Preisen nicht besonders viel spart – in manchen Fällen sind sie sogar teurer.

Unser Verlangen danach, ein Schnäppchen zu machen, und das gute Gefühl, wenn wir »Geld sparen« (und anderen erzählen, wie viel wir gespart haben!), sind mächtige Trigger, um mehr auszugeben. Haben Sie jemals blindwütig durch die Liste der Black-Friday-Angebote bei Amazon gescrollt und nach etwas gesucht, das sie kaufen könnten? Dann wissen Sie, was ich meine.

In der Psychologie gibt es das Konzept der »hedonistischen Tretmühle«: Egal welche kurzfristigen Maßnahmen wir unternehmen, um unser Glück zu verbessern, in den meisten Fällen pendeln wir uns wieder bei unserem ursprünglichen Zufriedenheitsniveau ein. Wir sehnen uns nach dem kurzfristigen Hoch, wenn wir etwas kaufen oder ein vermeintliches Schnäppchen gemacht haben. Doch auch wenn uns das kurzfristig glücklich macht, dauert es nicht lang, bis wir auf der Suche nach einem erneuten Hoch wieder im Internet browsen.

TIPP:

IST ES WIRKLICH EIN SCHNÄPPCHEN?

Benötigen Sie etwas Bestimmtes wirklich, müssen Sie beispielsweise Ihr Handy, Ihren Fernseher oder Ihr Tablet ersetzen, kann es vernünftig sein, mit dem Kauf bis zum Black Friday oder Cyber Monday zu warten. Planen Sie Ihre Ausgaben jedoch klug, indem Sie Preisbeobachtungstools wie Camelcamelcamel, billiger.de und idealo verwenden, um beurteilen zu können, wie gut das Angebot wirklich ist.

Halten Sie kurz inne, wenn Sie einen reduzierten Artikel ins Visier nehmen, und fragen Sie sich, was attraktiver ist: der Artikel selbst oder die Tatsache, dass er herabgesetzt ist?

Die Sichtweise meines Vaters Bob ist ziemlich clever: »Wenn du es *nicht* kaufst, zahlst du 100 Prozent weniger!«

(Nur zur Info, Bob ist fast 80 und besitzt mindestens einen Pullover, der älter ist als ich.)

Steigende Preise

Händler wissen, dass unser Irrglaube, wir könnten »Geld ausgeben, um zu sparen«, stärker ist denn je, weil uns bewusst ist, dass unser Geld nicht mehr so viel wert ist wie früher. Während ich dies schreibe, erleben wir die höchste Inflation (das heißt im Klartext: Preissteigerungen) in Großbritannien seit mehr als 40 Jahren, wodurch das tägliche Leben wesentlich teurer wird. In Deutschland stiegen die Preise in 2022 im Jahresdurchschnitt um 7,9 Prozent – Rekord seit Gründung der Bundesrepublik.

Die Kosten von Dingen, die wir bezahlen müssen – Energierechnungen, Lebensmittel, Benzin und Diesel – schießen in die Höhe. (Letzteres selbst dann, wenn Sie nicht Auto fahren, denn die erhöhten Transportkosten für Waren schlagen sich in so gut wie allem nieder, was Sie kaufen.)

Das Problem ist, dass die Gehälter der meisten Menschen nicht im selben Maße steigen.

Was können wir also tun, um mit der steigenden Inflation umzugehen?

- Wir könnten versuchen, unser Einkommen zu erhöhen (eine Gehaltserhöhung verlangen, mit Streik drohen, wenn sich die Chefetage weigert, oder eine neue Stelle suchen).
- Wir könnten versuchen, besser zu haushalten (weniger Zeug kaufen, günstiger einkaufen, zum Beispiel auf die Eigenmarken der Supermärkte zurückgreifen).

- Wir könnten uns mehr Geld leihen, um die Lücke zu schließen – doch auch das hat seinen Preis (laut Studien waren im Jahr 2021 6,2 Millionen Menschen in Deutschland überschuldet).

Die steigende Inflation trifft Menschen mit niedrigen Einkommen viel härter, weil ein größerer Anteil ihres Verdienst für das Lebensnotwendige draufgeht (Energiekosten, Lebensmittel und Kraftstoff sind hier die großen Drei).

Besserverdienende haben mehr Spielraum in ihren Budgets – sie haben den Luxus, *freiwillig* weniger Geld für Dinge wie Urlaub, Essen im Restaurant oder ein neues Paar Sneaker ausgeben zu können. Treiben die steigenden Zinsen die Kosten ihrer Hypothek um monatlich Hunderte Euro in die Höhe, müssen jedoch auch sie das Geld irgendwo auftreiben.

Das Problem ist, *weniger* für die Dinge auszugeben, die wir gern hätten, fühlt sich an, als würden wir uns etwas versagen. »Nein, das kannst du nicht bekommen.« »Tut mir leid, das können wir uns nicht leisten.« Und in schwierigen Zeiten wie diesen, wenn wir uns den Hintern abarbeiten, um unsere Rechnungen bezahlen zu können, verstärkt sich das Gefühl, wir hätten uns eine Belohnung verdient.

Nach der Kreditkarte zu greifen, ist verlockend, verschiebt das Problem, dass wir für diese Belohnung bezahlen müssen, jedoch nur in den nächsten Monat. Gibt es also irgendeinen psychologischen Trick, um unseren Gehirnen beizubringen, zufrieden damit zu sein, weniger auszugeben?

Liebe Leserin, lieber Leser, ich lasse an dieser Stelle die kluge Finanzbildungsaktivistin Tiffany Aliche zu Wort kommen, ihren Tausenden Social-Media-Followern besser bekannt als *The Budgetnista*.

Tiffanys System besteht aus »Need, Love, Like, Want« – brauche, liebe, will oder mag ich es? Das sind ihr zufolge die vier Fragen, die Sie sich stellen sollten, bevor Sie für irgendetwas Geld ausgeben (Sie können sich in ihrer beliebten Netflix-Sendung *Der smarte Umgang mit Geld* anschauen, wie sie das erklärt).

Etwas, das Sie **brauchen**, ist eine nicht verhandelbare Ausgabe, die nötig ist, um Ihre eigene Gesundheit und Sicherheit und die Ihrer Familie aufrechtzuerhalten – wie Ihre Miete oder Darlehen, die Haushaltsrechnungen oder Lebensmitteleinkäufe.

Was Sie **lieben**, ist etwas, von dem Sie träumen, es zu tun – ein besonderer Urlaub, der Kauf eines Hauses oder einer Wohnung, der Kauf eines größeren Hauses, vielleicht mehr Zeit für Ihr Lieblingshobby oder sogar der Aufbau eines eigenen Business.

Wenn Sie etwas **mögen**, verschafft Ihnen der Kauf eine vorübergehende Befriedigung für sechs Monate oder weniger (wie Kleidung, die Ihnen gefällt, die Sie aber nicht unbedingt brauchen).

Wenn Sie etwas **wollen**, kaufen Sie es nur, um etwas zu kaufen – wie zum Beispiel ein um 70 Prozent reduziertes Kissen. Dabei geht es nicht um die Freude daran, sondern nur darum, ein flüchtiges Verlangen zu stillen.

Wie Tiffany sagt, wenn Sie sich mehr darauf konzentrieren, was Sie brauchen und lieben, leben Sie ein erfüllteres Leben. Geht zu viel drauf für das, was Sie mögen oder wollen, haben Sie im Endeffekt weniger vom Leben.

GEWOHNHEIT NUMMER ZWEI: Treffen Sie bewusste Geldentscheidungen

Tiffanys Strategie ist nur eine Methode, wie wir daran arbeiten können, die zweite der sieben Supergewohnheiten anzunehmen, über die ich weiter oben gesprochen habe – bewusste Entscheidungen in Bezug auf Geld zu treffen.

Vielleicht haben Sie schon einmal versucht, Achtsamkeit zu praktizieren; möglicherweise haben Sie sogar während der Pandemie eine App heruntergeladen (ich ja!). Das zentrale Konzept von Achtsamkeit ist, innezuhalten, um Raum zu schaffen (tiefe Atmung ist optional). In diesem Augenblick erlauben wir uns zu beobachten und zu registrieren, was tatsächlich geschieht, und gewinnen so Abstand, um über unsere Entscheidungen nachzudenken.

Warum sollten wir das in Bezug auf Geld tun? Wir alle treffen täglich Dutzende Finanzentscheidungen, vom Überprüfen unseres Kontostands über das Vergleichen von Preisen im Supermarkt bis zum Bezahlen unseres Lattes.

Erinnern Sie sich, was Tim Harford uns über »kognitive Abkürzungen« beigebracht hat? Unsere Gehirne wären überfordert, wenn wir zu eingehend über jede einzelne Entscheidung nachdenken würden. Es ist einfach, Dinge auf Autopilot zu tun und Geld »automatisch« auszugeben, ohne uns klarzumachen, wie sich das alles summiert.

Kontaktlose Geldkarten oder Tippen und Bezahlen mit dem Handy senken den Widerstand (ich gestehe, dass ich das manchmal tue, ohne auf den angezeigten Preis zu schauen – gar nicht gut). In einer Zeit, in der die Inflation die Preise nach oben treibt, müssen wir unsere Ausgaben bewusster denn je tätigen.

Indem wir reflektiertere Entscheidungen treffen, erfahren wir die Antwort auf die ewige Frage: »Wo ist nur mein ganzes Geld geblieben?«

Lassen Sie sich nicht von dem Wort »Budgetplanung« abschrecken – es kann sich sehr einschränkend anfühlen. Daher ziehe ich den Begriff »Ausgabenplanung« vor. Im Vorhinein darüber nachzudenken, wie Sie Ihr Geld ausgeben, sparen oder investieren, kann sogar sehr befreiend sein. Wenn Sie mithilfe digitaler Tools einige grundlegende Parameter festlegen, müssen Sie über einzelne Ausgabenentscheidungen nicht länger nachdenken als nötig – und das Gefühl, mehr Kontrolle über Ihr Geld zu haben, wird Ihre Ängste rund um Finanzangelegenheiten verringern.

Wie können wir uns also angewöhnen, finanzielle Entscheidungen im Alltag bewusster zu treffen?

Tiffanys System ermuntert uns, mehr Geld für die Dinge auszugeben, die wir lieben: die Dinge, die uns wirklich wichtig sind. Wie ich festgestellt habe, ist das viel einfacher, wenn man sich dies als konkretes Ziel vornimmt.

Wenn Sie zwischen dem Ausgeben von 50 Euro für etwas, das Sie nur »mögen« oder »wollen«, und dem Sparen dieser 50 Euro, um Ihrem Ziel von 1000 Euro für etwas Spezifisches wie Ihren nächsten Urlaub näherzukommen, wählen müssen, handelt es sich nicht mehr um Verzicht, sondern um das Prinzip des Belohnungsaufschubs. Indem Sie beschließen, dieses Geld nicht heute auf den Kopf zu hauen, haben Sie entschieden, es in der Zukunft für etwas Wertvolleres zu verwenden.

Ihre finanzielle Willenskraft wächst mit jedem Mal, das Sie dem Drang widerstehen, Ihr Geld aus dem Fenster hinauszuwerfen. Gelingt es Ihnen, regelmäßig jeden Monat etwas in Ihren Notgroschen oder Ihre Urlaubskasse einzuzahlen, könnte der nächste Schritt sein, Ersparnisse in einen

»Zukunftsfonds« zu stecken – so nenne ich gern die Rücklagen für den Ruhestand (mehr dazu in Kapitel 7).

Indem Sie das tun, arbeiten Sie auf eine viel größere Belohnung hin als das Kribbeln, das einem der spontane Konsum verschafft – nämlich auf **finanzielle Unabhängigkeit**.
Statt zu viel Geld für irgendein Zeug auszugeben, nutzen Sie
es als Werkzeug, um sich Gelegenheiten in der Zukunft zu
erkaufen, und sei es, dass Sie sich auf ein Projekt konzentrieren können, das Ihnen am Herzen liegt: zum Beispiel Reisen,
auf eine große Ausgabe hin sparen oder in Ihren Sechzigern
und Siebzigern Arbeit als »Option« betrachten zu können.

WIE LANG HAT ES GEDAUERT, DIESE SUMME ZU VERDIENEN?

Zur Arbeit zu gehen, bedeutet im Grunde, dass wir unsere
Zeit gegen Geld tauschen. Um den Preis von Dingen, die
Sie gern hätten, neu zu denken, könnten Sie auch überlegen, wie lange Sie arbeiten müssten, um dafür zu bezahlen. Dazu benötigen Sie bloß Ihre monatliche Gehaltsabrechnung.

Die Zahl unten rechts ist Ihr Nettoverdienst (was Sie
tatsächlich bekommen, nachdem Steuern, Sozialversicherungsbeiträge und so weiter abgezogen wurden).

Teilen Sie diese Zahl einfach durch 21 (die durchschnittliche Anzahl der Arbeitstage pro Monat), und Sie erhalten die Summe, für die Sie Ihre acht Stunden – oder wie viel auch immer Sie am Tag arbeiten – hergeben.

Verdienen Sie 30 000 Euro im Jahr, kommen dabei ungefähr 92 Euro pro Tag heraus (oder 11,50 Euro pro Stunde). Glauben Sie mir, wenn Sie Ihren persönlichen Betrag kennen, werden Sie den Wert vieler Dinge daran messen!

Hat es sich wirklich gelohnt, einen ganzen Tag dafür zu arbeiten, 92 Euro für ein Abendessen mit einer Teure-Tina-Freundin auszugeben? Schon möglich, aber dieser Vergleichsmaßstab stellt eine wirkungsvolle Verknüpfung zwischen Geldverdienen und Geldausgeben her und hilft uns, bewusster darüber nachzudenken, was wir für unsere Moneten bekommen.

Natürlich müssen wir für Lebensnotwendiges genauso bezahlen wie für alles, was Spaß macht. Wie viele Tage müssen Sie für die Miete oder Hypothek Ihres Zuhauses schuften?

Indem wir beginnen, auf diese Art und Weise bewusster über unser Geld nachzudenken, kommen wir dem Erstellen eines Budgets – oder Ausgabenplans – ein Stück näher, also dem Aufteilen des verdienten Geldes auf verschiedene Zwecke. Im nächsten Kapitel zeige ich Ihnen, dass dies einfacher sein könnte, als Sie glauben.

Wie mutig sind Sie im Hinblick auf Geld?

Bevor wir zu den praktischen Aspekten der Verwaltung Ihres Geldes kommen, schauen wir uns noch einmal die emotionalen »Blockaden« an, die uns zurückhalten – und Strategien, um sie zu überwinden.

Ich bin sicher, dass es irgendetwas an Ihren Finanzen gibt, das Sie schon seit einer Ewigkeit in Angriff nehmen wollen, das Ihnen aber ein ähnliches Gefühl gibt, wie an der Tür zur zahnärztlichen Praxis zu stehen.

Vielleicht macht es Sie richtig nervös, regelmäßig Ihren Kontostand zu checken (das klingt nach einer Kleinigkeit, aber glauben Sie mir, es ist ein Riesending). Vielleicht möchten Sie mit jemandem darüber sprechen, einen Plan zu machen, wie Sie Ihre Schulden angehen können (siehe Kapitel 4). Vielleicht fühlen Sie sich mutig genug, eine E-Mail an die Personalabteilung Ihres Unternehmens zu schicken (meinen Tipp dafür finden Sie auf S. 207). Oder Sie fassen sich ein Herz und bitten um eine Gehaltserhöhung (lesen Sie zuerst Kapitel 8!).

Wir haben Angst vor diesen Dingen, weil wir die *negativen* Konsequenzen fürchten:

- Wenn wir den Kontostand überprüfen, könnten wir sehen, dass nicht mehr viel Geld übrig ist.
- Wenn wir um Hilfe bitten, müssen wir mit der Scham zurechtkommen, zuzugeben, dass wir etwas nicht wissen oder einen Fehler gemacht haben.

- Wenn wir nach einer Gehaltserhöhung fragen, könnte man uns sagen, dass wir zuerst einmal die entsprechende Leistung bringen sollen!

Ignorieren wir unsere Geldprobleme, kann das dazu führen, dass sie viel schlimmer werden (Hallo, Vogel-Strauß-Leute!), aber *es reduziert auch unsere Chancen auf positive Ergebnisse.*

Ich bin unglaublich feige, was Zahnarztbesuche angeht (ich weiß nicht, wovor ich mehr Angst habe – dem Bohrer oder der Rechnung). Irgendwann einmal ging ich jahrelang nicht hin und musste am Ende ein Vermögen für eine Wurzelbehandlung ausgeben – wäre das Problem rechtzeitig bemerkt worden, hätte ich nur eine sehr kleine Füllung benötigt.

Ähnlich die Geschichte einer befreundeten Kollegin, die es hinausgeschoben hatte, sich nach der betrieblichen Altersvorsorge zu erkundigen (sie hatte sich dagegen entschieden, als sie zur *Financial Times* kam, weil sie nicht verstand, wie es funktionierte). Jahre später, als wir uns anfreundeten, bat sie mich um Hilfe, und ich errechnete, dass ihr fast 50 000 Euro entgangen waren, weil sie darauf verzichtet hatte. Das ist hart, aber nun hat sie das geändert und mehrere zehntausend Euro *gewonnen.* Es ist nie zu spät!

Was unsere Finanzen angeht, müssen wir, um uns über die Schwelle zu trauen, auch die Möglichkeiten *positiver* Folgen ernsthaft in Betracht ziehen:

- Wenn wir unseren Kontostand überprüfen, behalten wir den Überblick – und vermeiden teure Überziehungszinsen.
- Um Hilfe zu bitten, bedeutet, dass wir die nötige Unterstützung erhalten können, um schwierige Entscheidungen zu treffen – es ist ein Zeichen von Stärke, nicht von Schwäche.
- Was die Gehaltserhöhung angeht – eine meiner Lieblingslebensregeln ist: »Wer nicht fragt, kann nicht gewinnen!«

Merken Sie sich also das Gefühl, das wir alle kennen, wenn wir genügend Mut zusammengenommen haben, um ein Problem anzugehen, und spüren, wie uns ein Stein vom Herzen fällt. Außerdem können wir in Bezug auf unsere Finanzen unseren Fortschritt in Cash messen. Wenn wir uns nicht mit den Zahlen auseinandersetzen, unsere Frage stellen oder bessere Bezahlung verlangen, kann uns das Geld kosten. Sind wir jedoch mutig genug, diese Themen anzugehen, können wir davon nur profitieren.

Brauchen Sie trotzdem noch einen kleinen Schubser? Dann empfehle ich Ihnen die größte Expertin, was Mut anbelangt. In dem nach ihrem Tod veröffentlichten Buch *How to Live When You Could Be Dead* rät Deborah James, mit unseren Ängsten konfrontiert, sollten wir uns sagen: »Ich habe wirklich große Angst davor, was geschehen könnte, aber ich tue es trotzdem.«

Im nächsten Kapitel bringe ich Ihnen einige bewährte Techniken bei, um Ihre Finanzen besser in den Griff zu bekommen. Diese können Sie nach und nach in Ihre alltäglichen Routinen einbauen.

Es ist normal, wenn Sie das Gefühl haben, sich ein wenig außerhalb Ihrer Komfortzone zu bewegen – denken Sie daran, Geld ist eine emotionale Angelegenheit! Seien Sie also mutig, atmen Sie tief durch, und tun Sie die Dinge, von denen Sie glaubten, Sie seien dazu nicht in der Lage. (Und ich vereinbare in der Zeit einen Termin für meinen nächsten zahnärztlichen Check-up.)

3

Wie Sie die Sache mit dem Geld geregelt bekommen

Wir haben uns angeschaut, wie wir dazu verführt werden, Geld auszugeben. Wir haben gesehen, wie es gelingen kann, bewusstere Entscheidungen zu treffen und das große Ganze in den Blick zu nehmen, was die Finanzen angeht. Außerdem haben wir einige der Möglichkeiten betrachtet, mentale Blockaden zu überwinden, die uns unter Umständen davon abhalten, unsere finanzielle Situation genauer unter die Lupe zu nehmen.

Nun sind wir bereit für die nächste Stufe: die Entdeckung verschiedener praktischer Schritte, die wir unternehmen können, um die Kontrolle über unsere Finanzen zurückzugewinnen.

Die steigenden Lebenshaltungskosten führen dazu, dass am Ende des Geldes nicht mehr viel Monat übrig ist und wir uns fragen: »Wo ist bloß das ganze Geld geblieben?«

Um das zu beantworten, brauchen Sie einen – auch wenn das ein ziemlich aufgeladenes Wort ist – Budgetplan. Irgendein System einzurichten, damit Sie besser verfolgen können, wie Geld hereinkommt und abfließt, klingt mühselig. Aber kein Geld mehr zu haben, kommt Sie auf drei Arten teuer zu stehen:

- die Überziehungs- und Kreditkartenzinsen (siehe Kapitel 4)
- die Peinlichkeit, Familie und Freunde bitten zu müssen, Ihnen Geld zu leihen
- der Stress und die Kosten für Ihre psychische Gesundheit (lesen Sie weiter unten Liz' Geschichte)

Meiner Erfahrung nach sind die Menschen mit dem geringsten Budget auf geradezu herzzerreißende Weise brillant bei der Ausgabenplanung. Das hat einen einfachen Grund: Es bleibt ihnen nichts anderes übrig! Wenn Sie nicht viel Geld haben, müssen Sie jede Veränderung Ihrer alltäglichen Kosten, und was Sie abknapsen und sparen können, im Blick haben, um nicht in die roten Zahlen zu rutschen. Das gilt besonders für Alleinerziehende.

Während die Lebenshaltungskosten explodieren, verbreiten einige wohlhabende Politiker irgendeinen Unsinn über Wege, Geld zu sparen (zum Beispiel den Vorschlag, sich einen brandneuen Wasserkocher zu kaufen, um 10 Euro Energiekosten im Jahr zu sparen).

Ich muss da an ein Zitat von Oscar Wilde denken: »Manchmal lobt man die Armen wegen ihrer Sparsamkeit. Aber den Armen Sparsamkeit zu empfehlen, ist ebenso grotesk wie beleidigend. Es ist dasselbe, als wollte man einem Halbverhungerten empfehlen, weniger zu essen.«[7]

In Zeiten wie diesen können wir nur begrenzt »den Gürtel enger schnallen« – und auch noch so gute Budgetplanung hilft niemandem aus extremer Armut heraus. Deshalb muss die Politik über bessere Lösungen nachdenken, als Geld für Wasserkocher auszugeben!

Bei Menschen, die den Luxus haben, *mehr* Geld zu verdienen, mit einer größeren Wahlfreiheit darüber, wie und wofür sie es ausgeben wollen, ist die Gefahr größer, dass sie ihr Budget überschreiten.

»Keine Finanzplanung zu machen, ist ein wenig, als würde man versuchen, ohne Uhr die Zeit im Blick zu behalten«, sagt *Mr MoneyJar*, der Finanzaufklärer Timi Merriman-Johnson. »Im Alltag überprüfen Sie ständig, wie spät es ist, und nutzen diese Information zur Tagesplanung. Warum sollte es beim Geldausgeben anders sein?«

Der Tag, an dem ich anfing, meine Ausgaben zu planen, und der Grund dafür

Meinem 23-jährigen Ich waren die Gefühle in die Quere gekommen. Ich hatte die Universität mit 2 000 Euro in den Miesen abgeschlossen, und diese negativen Zahlen anzuschauen, war deprimierend. Ich arbeitete unendlich viele

Stunden in einem Job, den ich praktisch nur hatte, um meine Schulden abzuzahlen, und verbrachte jede andere wache Minute damit, einen »richtigen« Job als Journalistin zu bekommen – aber ich erhielt fast nur Angebote, bei denen ich zum Nulltarif gearbeitet hätte.

Ich fühlte mich wie eine Versagerin und brauchte keine weitere Erinnerung daran, indem ich mir das große Minus auf meinem Kontoauszug anschaute. Also gab ich weiter Geld aus und hörte einfach auf, meinen Kontostand anzusehen oder Briefe zu öffnen (Onlinebanking lag damals noch in ferner Zukunft!). Das reduzierte jedoch nicht meine Ängste. Im Gegenteil, ständig fürchtete ich, meine Karte würde abgelehnt (was tatsächlich hin und wieder geschah).

Das war gewissermaßen der Höhepunkt meiner Vogel-Strauß-Phase.

Mein Aha-Moment war ein fieser Brief von einem Inkassobüro (schon am Umschlag war zu erkennen, dass er Ärger enthielt). Um Geld zu sparen, hatte ich die Einzugsermächtigung für meine Mitgliedschaft im Fitnessstudio gekündigt. In den Vertragsbedingungen stand jedoch, dass die Kündigungsfrist sechs Wochen betrug (raffiniert, denn das bedeutete, dass man für zwei weitere ungewollte Monate bezahlte).

Das Fitnessstudio hatte mir das auch geschrieben – aber ich hatte die Briefe nicht geöffnet. Nun musste ich also den Betrag für zwei weitere Monate überweisen plus 50 Euro zusätzlich, um das Inkassobüro loszuwerden. Und weil ich so viel Zeit hatte verstreichen lassen, konnte ich das Fitness-studio nicht einmal mehr nutzen!

Es war eine ungeheure Geldverschwendung. Ich war wirklich wütend darüber – aber am meisten wütend war ich auf mich selbst. Mir wurde klar, dass auch wenn ich Angst hatte, zu erfahren, wie meine finanzielle Situation aussah, es viel gefährlicher war, sie *nicht* zu kennen. Um die Kurve zu bekommen, schüttelte ich mir den Sand aus den Federn und musste ein paar Monate strikter Ausgabenbeschränkungen durchhalten (was bedeutete, hauptsächlich Dosensuppe zu essen und nur Bargeld mit in den Pub zu nehmen, damit ich nicht mehr ausgeben konnte als vorgesehen – ich hätte natürlich auch nicht ausgehen können, aber, na ja, man muss Prioritäten setzen!).

Nach und nach stellte ich fest, dass es mir ein Gefühl größerer Kontrolle gab, wenn ich mehr Zeit dafür aufwendete, meine Finanzen zu checken (und zu verfolgen, wie sie sich verbesserten), sodass meine Ängste rund um Geld sogar nachließen.

Und jobtechnisch geschah ein Wunder. Eine Mitarbeiterin bei einer der Zeitarbeitsagenturen, für die ich arbeitete, fragte, was ich eigentlich beruflich machen wollte. Ich sagte: »Journalismus, aber da können Sie mir wahrscheinlich nicht helfen.« Sie gab mir einen Job als Sekretärin bei einem wöchentlich erscheinenden Immobilienmagazin. Innerhalb eines Jahres stieg ich zur Reporterin auf – und der Rest ist, wie man so sagt, Geschichte.

Auf der Spur des Geldes

Sie mögen vielleicht eine Abneigung dagegen haben, sich Ihre Zahlen anzuschauen, doch solange die schuldeneintreibenden Wölfe nicht an Ihrer Tür heulen, gibt es gute Nachrichten. Der beste Weg, mit der Budgetplanung zu beginnen, ist *eine* sehr einfache Sache.

Beobachten Sie, woher Ihr Geld kommt und wohin es geht.

»Verändern Sie am Anfang keine Ihrer Gewohnheiten, registrieren Sie nur, wohin Ihr Geld fließt«, rät Charlotte Jessop, die zur Finanzberaterin gewordene Lehrerin, die in den sozialen Medien mit dem Kanal *Looking After Your Pennies* bekannt geworden ist.

Viele Menschen glauben, bei der Budgetplanung gehe es nur um das Geld, das man ausgibt. Sie sollten jedoch auch verfolgen, auf welchen Wegen das Geld hereinkommt. Warum? Wir können nicht unbegrenzt einsparen. Sich darauf zu konzentrieren, wie wir unser Einkommen verbessern können, bewirkt wahrscheinlich mehr! Überlegen Sie also einmal, was Ihre Einnahmequellen sind:

- Ihr Gehalt (siehe Kapitel 8 zum Thema Gehaltserhöhung)
- jegliche Einkünfte von Nebentätigkeiten
- staatliche Unterstützungen
- Geldgeschenke (an Geburtstagen/Weihnachten), auch Gutscheine
- Kindergeld und Unterhalt

- Zinsen auf Ersparnisse
- Cashbacks
- Rückerstattungen (es lohnt sich, zu prüfen, ob sie auf Ihrem Konto angekommen sind)

Als Nächstes nehmen Sie sich Ihre Ausgaben vor. Sich mit Onlinebanking-Apps einen detaillierten Überblick über Ihre Transaktionen zu verschaffen, ist unkompliziert – auch wenn es in der Praxis emotional schwierig sein kann. Je häufiger Sie es tun, desto einfacher wird es jedoch.

»Wonach Sie Ausschau halten sollten, sind Muster in den Daten«, sagt Charlotte. »Wie viel geben Sie in einem durchschnittlichen Monat für Lebensmittel aus? Bestellen Sie immer freitagabends zum Mitnehmen?«

Banking-Apps können Ihre Monatsausgaben mit einem Klick sortieren, manche sogar nach Händler, und Ihnen so zeigen, welcher Anteil Ihres Gehalts zum Beispiel bei Uber, Amazon oder Lieferando gelandet ist.

»Sie müssen nicht aufhören – gehen Sie bloß in den David-Attenborough-Modus und beobachten Sie Ihre Finanzen von außen«, rät Charlotte. Dazu gehört auch, sich Ihre monatlichen Kreditkarten- und Überziehungszinsen anzuschauen (mehr darüber und was man Ihnen zu dem Thema normalerweise verschweigt, im nächsten Kapitel).

Der nächste Schritt? Reflexion.

Vielleicht können Sie offensichtliche Dinge identifizieren, die Sie streichen können, wie Streamingdienste und nicht genutzte Abonnements (wenn Magazine immer wieder im Plastikumschlag bleiben, bestellen Sie das Abo ab und akzeptieren Sie, dass Sie keine Zeit haben, sie zu lesen). Von Fitnessstudios und Kochboxen bis zu Kaffee, Putzmitteln, Zimmerpflanzen und sogar Kleidung – mehr und mehr Produkte und Services werden uns »im Abo« verkauft. Dafür gibt es einen sehr guten Grund: Die Unternehmen schätzen den regelmäßigen monatlichen Umsatz, den sie dadurch haben. Doch über die Monate kann das eine große Belastung für Ihr Bankkonto darstellen. Dasselbe gilt für die wachsende Zahl an Apps, für die man sich ebenfalls registrieren muss – manchmal gibt es sie für eine gewisse Zeit zu einem niedrigen Preis, der dann aber nach einem automatischen Update steigt. Und wenn Ihnen auffällt, dass Ihre Handyrechnung sehr hoch ist, sehen Sie nach, ob Ihr Vertrag abgelaufen ist (siehe Kasten auf S. 95).

Das könnte einen »doppelten Spareffekt« haben, weil es verhindert, dass Sie sich am Ende des Monats Geld leihen.

TIPP:

MACHT ES WIRKLICH EINEN UNTERSCHIED, OB ICH NETFLIX KÜNDIGE?

Für sich genommen nicht – aber wenn Sie einmal schauen, für welche anderen Streamingdienste sie zahlen, vielleicht!

Netflix, Disney, Sky-Sport, Amazon Prime, WaipuTV, Spotify ... Fassen Sie diese in Ihrer Budgetplanung zu einer Kategorie zusammen, sehen Sie auf einen Blick, was Sie dafür jeden Monat insgesamt ausgeben (und ob es möglicherweise doppelte Zahlungen gibt, weil Ihr Partner oder Ihre Partnerin oder auch Ihr*e Mitbewohner*innen denselben Service nutzen).

Seien Sie gnadenlos – was davon brauchen Sie wirklich? Falls Sie sich nicht sicher sind, verfolgen Sie Ihre Gewohnheiten einen Monat lang (schreiben Sie in Ihrem Handy auf, was Sie geguckt oder gehört haben). Bei den meisten dieser Angebote ist es kein Problem, sie zu kündigen und sich wieder anzumelden, falls Sie irgendwann Ihre Meinung ändern sollten.

Nachdem Sie nun die einfachen Aufgaben erledigt haben, können Sie zur Experimentierphase übergehen. »Beginnen Sie mit kleinen Schritten – probieren Sie beispielsweise, pro Woche 5 Euro weniger für Lebensmittel auszugeben«, rät Charlotte (und wenn Sie häufig Opfer der »To-Go-Gebühr« werden, lesen Sie auf S. 93 meine Tipps für die Mahlzeitenplanung). Sie möchten Ihre Essensbestellung am Freitagabend nicht aufgeben? Kein Problem – vielleicht können Sie stattdessen an anderer Stelle etwas einsparen oder es sich nur jeden zweiten Freitag gönnen.

Wenn wir unsere alltäglichen Ausgaben im Griff haben, haben wir hoffentlich am Ende einen Überschuss, den wir sparen oder investieren können. Sich daran zu gewöhnen, Geld für Notfälle beiseitezulegen, ist eine nützliche Übung. Selbst wenn es nur kleine Summen sind, aktiviert es Ihre Finanzmuskeln – und mit der Zeit entwickelt sich daraus eine starke Gewohnheit.

TIPP:

WARUM SIE NICHT AUFHÖREN SOLLTEN, COFFEE TO GO (ODER AVOCADOTOAST) ZU KAUFEN

Die meisten Finanzexpert*innen reden über Ausgaben für Kaffee, als wären sie ein Verbrechen. Ich sehe das anders. Überlegen Sie, welchen Wert dieser Kaffee für Sie hat. Meine Freundin Maggie hat zwei kleine Söhne. Für sie ist ein Kaffee in dem (kinderfreien!) Rückzugsort, der ihr Café um die Ecke für sie ist, eine Möglichkeit, in Ruhe ihren Tag zu planen. Es ist wie ein Meeting mit sich selbst. Wenn Sie einen stressigen Job haben, könnte den Schreibtisch zu verlassen und Kaffee mit einem Kollegen oder einer Kollegin zu trinken, etwas sein, das Ihrer psychischen Gesundheit eine ganze Woche lang guttut (besonders, *wenn es dazu noch eine Runde Klatsch und Tratsch gibt).*

Ob es um Kaffee geht, um Avocadotoast oder Takeaway – ich sage nicht, dass Sie für diese Dinge Geld ausgeben sollen, aber wenn Sie es tun, sollte es einen gewissen Wert für Sie haben und Ihnen Freude bereiten.

Inzwischen sollten Sie das Stadium erreicht haben, das Charlotte als »Vertrautheit mit ihren Finanzen« bezeichnet – Sie fühlen sich wohl damit, mit ihnen per Du zu sein.

»Kennen Sie Ihre Zahlen, sehen Sie Veränderungen in Ihren Kosten sofort und können darauf reagieren«, sagt sie.

Sie vergleicht den Prozess mit dem Kalorienzählen. »Am Anfang verbringt man viel Zeit damit, jedes Etikett zu studieren, doch nach einer Weile ist es einem in Fleisch und Blut übergegangen«, sagt sie. »Dasselbe gilt für Ihre Finanzen – zuerst ist es etwas mühsam, aber auf lange Sicht lohnt es sich.«

WAS IST DIE BESTE BUDGEPLANUNGSMETHODE?

Die kurze Antwort ist: Finden Sie heraus, welche am besten zu Ihnen passt! Wir sind alle unterschiedlich – wenn Sie mutig genug sind, die Menschen in Ihrem Freundeskreis nach *deren* Ausgabenplanung zu fragen, verstehen Sie, was ich meine.

Ich habe meine Follower auf Instagram gefragt, und die Mehrheit von ihnen nutzt ein Tabellenkalkulationsprogramm. (Sie haben kein Excel? Bei Google Tabellen finden Sie eine kostenlose Budget-Vorlage, die problemlos angepasst werden kann.)

Wollen Sie eine automatisierte Lösung haben (Ja, bitte!), ziehen Sie Multibanking-Apps in Betracht, die mittels Open Banking die Daten von all Ihren Konten, Kreditkarten und sogar Hypotheken- und Rentenkonten zusammenführen. So finden Sie alles an einem Ort sehen.

Damit haben Sie auf einen Blick eine Übersicht über Ihre täglichen Ausgaben. Das kann es erleichtern, etwas anzusparen, die Schulden zu tilgen oder sogar Ihre Investitionen anzukurbeln.

Apps und Websites wie Outbank, finanzblick Online-Banking oder die Multi-Banking-App der Sparkasse bieten sich hier besonders gut an. Einzelpersonen und Paare können sämtliche Konten in einem einzigen »Dashboard« miteinander verbinden, damit sie ein vollständiges Bild aller Finanzen an einem Ort haben.

Es gibt eine App für das Handy und eine Desktopversion (sinnvoll, wenn Sie nicht gern mit zusammengekniffenen Augen vor dem Mini-Bildschirm sitzen).

»Die Programme unterteilen Ihre Transaktionen automatisch in Kategorien, und wenn es mal nicht zu hundert Prozent richtigliegt, können Sie dies korrigieren – außerdem lernt es dazu. Beispielsweise könnte Ihre Mitgliedschaft im Fitnessstudio unter ›Rechnungen‹ laufen, aber Sie wollen sie möglicherweise unter ›Körperpflege‹ einordnen.«

Sie können auch die »Nach Händler sortieren«-Funktion nutzen, um zu sehen, was Sie wo ausgegeben haben (Hallo, Amazon), und eigene Kategorien anlegen (Ich habe eine namens »To-Go-Gebühr«).

Aber denken Sie daran, wie bei jedem vermeintlich kostenlosen Service bezahlen Sie auch hier auf irgendeine andere Art dafür. Apps könnten beispielsweise die Daten Ihrer Ausgaben sammeln und anonym weiterverkaufen, lesen Sie also unbedingt das Kleingedruckte.

Wie könnte die steigende Inflation meine Finanzen beeinflussen?

Wenn wir genauer unter die Lupe nehmen, wofür wir unser Geld ausgeben, wird uns auch die steigende Inflation bewusster: Die Dinge, die wir kaufen, werden teurer.

EINKAUFEN

Bei steigenden Preisen bekommen wir für unser Geld nicht mehr so viel wie früher. Sagen wir, die jährliche Inflationsrate beträgt 5 Prozent. Das bedeutet, die Dinge, die wir üblicherweise kaufen, kosten 5 Prozent mehr als vor einem Jahr. Wenn Sie vor einem Jahr 100 Euro benötigten, um etwas zu kaufen, sind es nun 105 Euro.

EINKOMMEN

Bei manchen Beschäftigten wird das Gehalt einmal im Jahr angepasst. Nur um mit der Geschwindigkeit der Preissteigerungen Schritt zu halten, müsste es entsprechend der jährlichen Inflationsrate steigen.

Bleiben wir bei dem 5-Prozent-Inflation-Szenario, müssten Sie, wenn Sie im vergangenen Jahr 30 000 Euro verdient haben, nun *31 500* Euro machen, um Ihre Kaufkraft aufrechtzuerhalten.

Und wenn Ihre Gehaltssteigerungen unterhalb der jährlichen Inflationsrate liegen? Dann entspricht das einer Gehaltskürzung.

Betrachten wir es einmal aus einer anderen Perspektive: Steigen die Preise im Jahr um 5 Prozent, sinkt die Kaufkraft Ihres 30 000-Euro-Gehalts auf etwa 28 500 Euro. Schauen Sie nur auf die Zahlen, hat sich die Höhe Ihres Gehalts nicht verändert, aber Ökonom*innen würden sagen, dass Sie effektiv (also nach Berücksichtigung der Inflation) ärmer geworden sind.

ERSPARNISSE

Eine hohe Inflation wirkt auch auf die Kaufkraft unserer Barsparvermögen wie ein Schrumpfstrahl.

Sagen wir, Sie zahlen 100 Euro auf ein Sparkonto ein. Die Inflationsrate beträgt wieder 5 Prozent, also benötigen Sie ein Jahr später 105 Euro, um dieselben Dinge kaufen zu können, die Sie aktuell für 100 Euro bekommen. Sofern die Jahreszinsen auf Ihr Erspartes nicht *höher* sind als die jährliche Inflationsrate, wird Ihr Geld effektiv weniger – seine Kaufkraft sinkt im Vergleich zum Vorjahr.

Während ich dies schreibe, liegt die beste Zinsrate eines leicht zugänglichen Sparkontos in Deutschland bei etwa 3 bis 4 Prozent im Jahr. Zahlen Sie dort 100 Euro ein, erhalten Sie nach einem Jahr bei einem Zinssatz von 3 Prozent 3 Euro Zinsen (sind dann also bei 103 Euro). Die 3 Euro Zinsen sind besser als nichts – aber bei einer Inflation von 5 Prozent ist die Kaufkraft Ihrer Ersparnisse dennoch um etwa 2 Euro gesunken.

Die Inflation zehrt also unsere Barersparnisse auf, weshalb finanziell findige Leute ihr langfristiges Sparvermögen (Geld, das sie lange nicht benötigen) auf dem Aktienmarkt oder in anderen Werten wie Immobilien anlegen, wo die Preise mit höherer Wahrscheinlichkeit mit der Inflation Schritt halten. Das sehen wir uns in Kapitel 7 genauer an.

DOCH DENKEN SIE DARAN ... AUF IHRE SCHULDEN ZAHLEN SIE SEHR VIEL HÖHERE ZINSEN!

Lassen Sie sich nicht dazu verführen, Barersparnisse vollständig aufzugeben, auch wenn die Zinsen niedrig sind – die Zinsen, die Sie darauf zahlen, im Notfall Geld zu *leihen*, sind wesentlich höher (die Hausnummern liegen bei etwa 20 Prozent auf Kreditkarten oder 40 Prozent auf eine Überziehung).

Werden Sie ein Budgetplanungsprofi

Bewusstsein ist eine der wichtigsten Grundfähigkeiten für eine erfolgreiche Ausgabenplanung. Dazu gehört, regelmäßig zu überprüfen, wie Ihre Finanzen aussehen. Sie könnten sich das zum Beispiel für einen bestimmten Tag in der Woche oder im Monat vornehmen. Und denken Sie dran – niemand bekommt es perfekt hin! Leben passiert. Deshalb müssen Sie sich Ihre Zahlen regelmäßig anschauen, um zu sehen, ob Sie irgendetwas verändern sollten.

Die meisten Menschen haben ein monatliches Budget vor Augen, da wir unser Gehalt üblicherweise einmal im Monat erhalten. Wöchentlich hinzuschauen, kann jedoch sinnvoll sein, um Probleme schneller zu erkennen. Paare oder Wohngemeinschaften könnten, um das Reden über dieses Thema leichter zu machen, einen »Geldtag« vereinbaren (in Kapitel 9 mehr dazu).

Finanzverwaltung ist eine weitere essenzielle Fähigkeit. Selbstorganisation ist die stärkste Waffe für Ihre Finanzen! Ich glaube fest daran, dass schöne Schreibwaren es einem erleichtern, mehr Zeit mit dem eigenen Geld zu verbringen. Hübsche Ringordner, Notizbücher, Post-its, Aufkleber ... Das ist vielleicht vorab eine Investition, aber es lohnt sich, wenn es Ihnen hilft, Ihre Gewohnheiten zu verändern und weniger Angst vor dem »Finanzkram« zu haben.

Ich führe eine To-do-Liste für meine Geldangelegenheiten, in die ich anfallende Aufgaben eintrage. Sonntagmorgens habe ich eine »goldene Stunde« dafür eingeplant, einen Großteil davon zu erledigen (danach belohne ich mich meistens mit einem gesunden Brunch). Ist eine sehr große Aufgabe dabei, teile ich sie in mehrere kleinere Schritte ein.

Sind Ihre Finanzen relativ überschaubar, genügt eine Fächermappe, um die wichtigsten Papiere in Ordnung zu halten. Zunehmend sind Rechnungen, Kontoauszüge und Gehaltsabrechnungen jedoch papierlos, was ein weiteres Hindernis sein kann, um zu registrieren, was los ist. Machen Sie es zu einem Bestandteil Ihres monatlichen »Check-ins«, dass sie diese herunterladen, einen Blick darauf werfen, sich auf Ihre To-do-Liste schreiben, falls Sie in irgendeiner Weise tätig werden müssen, und speichern Sie sie online ab.

Zu guter Letzt besitze ich einen Schredder, mit dem ich alte Unterlagen vernichte und mich so gegen Identitätsklau schütze.

Vorausplanen

Budgetplanung hilft Ihnen nicht nur, im Blick zu behalten, was geschehen ist, sondern auch, sich darauf vorzubereiten, was als Nächstes geschehen könnte. Ich schätze gern im Voraus meine geplanten Ausgaben ab, damit ich »nebenbei« über das Jahr für große Ereignisse sparen kann (beispielsweise Ferien, Weihnachten, Schulausflüge, Versicherungszahlungen).

Denken Sie über Ihre mittelfristigen Ziele nach, wie auf eine Anzahlung für eine Immobilie zu sparen oder eine Familie zu gründen, und längerfristige Sparziele wie Rente oder Investments (mehr dazu in Kapitel 7). Es heißt, Millionär*in werde man in Zehn-Euro-Schritten – diese großen Meilensteine können herausfordernd wirken, aber sie sind erreichbar, wenn Sie sorgfältig und regelmäßig Geld beiseitelegen.

Ein weiterer Lieblingsspruch meines Vaters ist: »Die Ausgaben passen sich den Einnahmen an.«

WAS IST LIFESTYLE-INFLATION?

Überlegen Sie einmal, wie schnell 27 Euro am Tag ausgegeben sind.

Ein paar Kaffees, ein Mittagessen, ein kleiner Lebensmitteleinkauf, eine Fahrt mit einem Uber, weil Sie spät dran sind, oder vielleicht auf dem Heimweg noch ein Getränk (in London kostet das allein schon 27 Pfund!).

Es fühlt sich nicht nach viel an, aber diese kleinen Extraausgaben häufen sich schnell.

Würden Sie jeden Tag 27 Euro ausgeben, wären das beinahe 10 000 Euro im Jahr.

Sogar ich musste das auf meinem Handytaschenrechner überprüfen, als ich diese Summe bei Instagram sah – sie wirkt einfach unmöglich. Aber sie stimmt.

Stellen Sie sich einmal vor, was Sie mit 10 000 Euro machen könnten!

Nehmen wir an, Sie BEKOMMEN die Gehaltserhöhung und Ihr monatliches Einkommen steigt. Der Weg des geringsten Widerstands wäre, das zusätzliche Geld einfach auszugeben (besonders in Zeiten hoher Inflation). Dafür brauchen Sie meine Hilfe bestimmt nicht!

Ich werde Ihnen in den folgenden Kapiteln beibringen, was Sie *stattdessen* mit diesem Geld anfangen könnten; Aufteilung und Automatisierung sind die beiden Techniken, die ich nutze, um mehr aus meinem Geld zu machen.

GEWOHNHEIT NUMMER DREI:
Aufteilen ... und automatisieren!

Die Geldgewohnheit, die ich Ihnen in diesem Kapitel näherbringen möchte, ist die mächtige des Aufteilens und Automatisierens.

Eines der schwierigsten Dinge im Zusammenhang mit der Einteilung von Geld ist es, Entscheidungen zu treffen. Ich bin überzeugt, dass ein bewussterer Umgang und andere Gewohnheiten Ihnen dabei helfen werden – und wenn Sie eine Entscheidung getroffen haben, erleichtern Sie sich das Leben, indem Sie das Ganze automatisieren!

Das Konzept, das Geld aufzuteilen, sobald es hereinkommt, und bestimmten Zwecken zuzuteilen, ist uralt, und ein Finanzplanungstipp, der sich bewährt hat. Warum?

Etwas, wofür ich gern Geld verschwende (sagt mein Mann) beziehungsweise in das ich Geld investiere (sage ich), sind Erinnerungsstücke, die mit Geld zu tun haben.

Ich besitze eine »Thrift tin« aus den 1960er-Jahren, die ich auf eBay gekauft habe; im Grunde eine Spardose, die in einzelne Bereiche unterteilt ist (Miete, Lebensmittel, Urlaub und so weiter). Vorn ist ein Bild der strahlenden »Mrs Thrifty« mit ihrem Mietbuch in den Händen. Dazu der Spruch: »Diese kleine Büchse ist mein Glück, mit ihrer Hilfe zahl ich die Miete an einem Stück.«

Die Wirksamkeit der Aufteilung von Geld liegt darin, dass Sie ihm einen Zweck geben und vor allem dafür sorgen, dass Sie genug für den Lebensunterhalt haben, bevor Sie es gedankenlos für andere Dinge ausgeben.

Die Zeiten haben sich verändert seit den 1960ern. Heute sind das digitale Äquivalent zur »Thrift tin« die unterschiedlichen »Töpfe« oder Kategorien in Ihrer Banking-App.

So entscheiden Sie sich dafür, Geld für die Zukunft von Ihrem alltäglichen Bedarf getrennt zu halten – denken Sie an den Notgroschen, an Urlaubsersparnisse, Rücklagen für die Zeit des Mutterschutzes oder für Ausgaben, die definitiv in der Zukunft auf Sie zukommen werden wie Renovierungen am Haus, Autoreparaturen oder Tierarztkosten.

Im Grunde handelt es sich um ein Konto innerhalb des Kontos, und die Banken haben unterschiedliche Bezeichnungen dafür, aber normalerweise können Sie die Kategorien nennen, wie Sie wollen (ja, auch Anti-A*loch-Rücklage ist erlaubt!).

Lesen Sie weiter und erfahren Sie, welche Möglichkeiten es gibt, Aufteilung und Automatisierung so einzusetzen, dass Sie Ihr Budget leichter einhalten und Ihre Sparziele erreichen.

Bezahlen Sie sich selbst zuerst

Haben Sie ein gewisses Maß an Vertrautheit mit Ihren Finanzen erlangt, könnten Sie darüber nachdenken, monatliche Ziele für Ihre regelmäßigen Sparzwecke festzusetzen.

Vielleicht sagt Ihnen das Konzept »Pay yourself first« etwas? Wenn am Ende des Monats Ihr Gehalt auf dem Konto ankommt, legen Sie direkt Geld für Ihre Sparziele beiseite, statt bis zum Ende des *folgenden* Monats zu warten, wenn Sie das Geld wahrscheinlich bereits für etwas anderes ausgegeben haben.

»Die meisten Menschen nutzen für regelmäßige Zahlungen das Lastschriftverfahren. Wie wäre es, dasselbe für Ihre persönlichen Vorhaben zu tun?«, schlägt Charlotte vor.

Haben Sie entschieden, wie viel Sie beiseitelegen wollen, können Sie das Dranbleiben vereinfachen, indem Sie das Ganze automatisieren. Richten Sie eine regelmäßige Überweisung von Ihrem Hauptkonto zu einem separaten Sparkonto oder einem Unterkonto ein. Einige Onlinebanken erlauben (wenn Sie das möchten) automatische Aufrundungen auf den nächsten Eurobetrag von Ihrem überzähligen digitalen Kleingeld (bezahlen Sie beispielsweise 2,70 Euro für einen Kaffee, gehen 30 Cent auf Ihr Sparkonto).

All das funktioniert hervorragend, wenn Sie ein monatliches Gehalt bekommen. Allen Freiberuflern da draußen mit variierende Umsätzen empfehle ich, Geld das hereinkommt, sofort aufzuteilen.

Haben Sie kein regelmäßiges Einkommen, ist eine Möglichkeit ein separates »Ausgabenkonto«. Nachdem ich die Fixkosten abgezogen habe, lege ich eine bestimmte monatliche Summe fest, die ich für Lebensmittel und optionale Dinge wie Taxifahrten, Kleidung, Kaffee und Mittagessen verwenden kann. Ich habe außerdem dafür gesorgt, dass dieses Konto das ist, von dem eBay, Amazon, Deliveroo und andere Quellen der Versuchung abbuchen (vorher hatte ich bei einer davon meine Kreditkarte hinterlegt und wurde immer wieder auf dem falschen Fuß erwischt). Die Karte für dieses Konto ist die einzige, die ich mitnehme, wenn ich das Haus verlasse – und ich weiß, dass ich das Geld nur ein Mal ausgeben kann.

TIPP:

FÜHREN SIE SICH NICHT IN VERSUCHUNG!

Wenn Sie feststellen, dass Marketing-E-Mails Sie zum Kaufen verführen, verwenden Sie zum Beispiel die Cleanfox-App, um sich von mehreren Newslettern auf einen Schlag statt von jedem einzeln abzumelden. Bei der App Clean Email melden Sie sich an und bezahlen 36 Euro jährlich, aber dazu gibt es jede Menge kostenlose Tipps und Informationen auf der Website.

TIPP:
SPÜREN SIE DAS KRIBBELN BEIM GELDAUSGEBEN

Es ist sehr einfach, mit »unsichtbarem Geld« zu bezahlen, wenn Sie Ihr Handy oder Karten mit Kontaktlosfunktion verwenden. Für mich ist es jedoch wichtig, dass das Geld ein physisches Element behält.

Verknüpft mit meinen Banking-Apps habe ich auf meinem Handy eine Meldung eingerichtet, die ich erhalte, wenn ich mit meiner Giro- oder Kreditkarte bezahle. Irgendetwas an dem Brummen des Handys (oder der Smartwatch) und dem Aufleuchten der Summe hilft mir, vor Augen zu haben, was ich ausgebe. Statt »Ich habe gerade bezahlt« denke ich »Ich habe gerade 7,20 Euro ausgegeben«.

Dadurch kann ich bewusster nachvollziehen, was ich an einem Tag ausgebe, ohne obsessiv meinen Kontostand zu checken.

TIPP:
KENNEN SIE IHRE GRENZEN

Ein weiterer toller Service, den die meisten Banking-Apps kostenlos anbieten, ist eine Benachrichtigung, dass Ihr Kontostand eine bestimmte Grenze über- oder unterschreitet. Bei meinem Girokonto habe ich eine Warnung für einen niedrigen Kontostand eingerichtet: Ich bekomme eine Nachricht, wenn er unter einen bestimmten Betrag sinkt. Das ist das Signal, auf die Ausgabenbremse zu treten oder etwas von meinen Rücklagen zu überweisen, damit ich nicht in die Miesen rutsche.

Bei meiner Kreditkarte habe ich die umgekehrte Warnung eingerichtet: Ich erhalte eine Nachricht, wenn ich über 1000 Pfund ausgegeben habe. Zum einen erinnert es mich daran, aufzuhören, Geld rauszuhauen, zum anderen macht es mich auf verdächtige Zahlungen von meinem Konto aufmerksam.

Bei meinem Sparkonto bekomme ich dieselbe Warnung, wenn meine Abbuchungen 5000 Pfund überschreiten. Das ist die Summe, die für mich immer sofort verfügbar sein muss – alles, was darüber hinausgeht, kann in Anlagen investiert werden oder mir in einem Sparbrief, wo es für ein Jahr oder länger liegen bleibt, mehr Zinsen bescheren.

Ein letzter Tipp von Charlotte: Es lohnt sich, über automatische Zahlungen in Prozenten zu denken (Sie könnten beispielsweise beschließen, 5 Prozent Ihres Einkommens, statt einer fixen Summe wie 100 Euro, auf Ihr Sparkonto zu überweisen). Warum? Weil sich Ihr Budget automatisch anpasst, wenn Sie mehr verdienen. Tschüss, Lifestyle-Inflation!

Mein »Sortieren am Sonntag«-System

Man sagt, »Zeit ist Geld«, und eine meiner besten Gewohnheiten im Zusammenhang mit Finanzen ist, dass ich sonntagmorgens eine halbe Stunde über die kommende Woche nachdenke. Ich schaue mir an, wann ich im Büro und wann von zu Hause arbeite, welche Verabredungen ich habe und wie das Wetter wird (davon hängt mein Sportprogramm ab – das plane ich auch gern im Voraus, sonst findet es nämlich nicht statt!).

Am Kühlschrank habe ich einen Mahlzeitenplaner zum Abwischen, in den ich Ideen für verschiedene Tage eintrage.

Ich habe außerdem eine Kühlschrankliste, in der ich Fach für Fach abhaken kann, was noch da ist und was nachgekauft werden muss – unerlässlich, wenn Sie vorkochen (ich bin ein Riesenfan von *The Batch Lady* auf Instagram). Wenn ich im Vorhinein weiß, dass ich einen hektischen Tag haben werde, taue ich eine vorgekochte, tiefgekühlte Portion auf und gebe kein Geld für Takeaway-Gerichte aus. Und wenn ich Zeit zu kochen *habe*, mache ich – nach einem Tipp von *The Batch Lady* – eine Portion für jetzt und eine für das Gefrierfach! (Ein anderer toller Instagram-Account ist *@canIfreezeit* – wer hätte gedacht, dass man Käse einfrieren kann?)

Überlegen Sie, wie Sie aus Mahlzeitenresten das Mittag- oder Abendessen für den nächsten Tag zubereiten können.

Wenn Sie sich über all das Gedanken machen, *bevor* Sie Lebensmittel einkaufen gehen, kaufen Sie weniger und werfen weniger weg (einer Forsa Studie zufolge vergeudet die durchschnittliche deutsche Familie jährlich Lebensmittel in Höhe von 940 Euro). Das ist jedoch nur ein Bruchteil dessen, was Supermärkte und Restaurants verschwenden. Über Apps wie Too Good to Go oder ResQ Club erhalten Sie Zugang zu einer großen (und wachsenden) Gemeinde, die gegen die Lebensmittelverschwendung kämpft und Produkte, die Supermärkte, Imbisse oder Restaurants nicht mehr verkaufen möchten, für wenig Geld vermittelt.

Vermeiden Sie die »To-Go-Gebühr«

Für Komfort zahlen wir einen hohen Preis. Jeden Tag Mittagessen bei der Arbeit zu kaufen, das kann locker 7 Euro oder mehr kosten und könnte eines der Muster sein, die Sie in Ihren monatlichen Daten ausmachen. Etwas von zu Hause mitzubringen, ist wesentlich günstiger; ein Faktor ist allerdings die Zeit, die Sie in die Zubereitung stecken.

Aus meiner Sicht ist es viel einfacher, Reste des Abendessens mitzubringen, als extra etwas zu kochen. Sie sollten aber in eine auslaufsichere Lunchbox investieren. Wenn wir das Abendessen kochen, kümmern wir uns auch immer um unser Mittagessen für den nächsten Tag. Verschieben Sie das auf den nächsten Morgen, ist die Gefahr größer, dass Ihnen das Leben in die Quere kommt – und, wenn Sie keine Zeit für das Frühstück hatten, könnten Sie die »To-Go-Gebühr« sogar zweimal bezahlen!

Vorausplanen kann helfen, viele weitere »Zeit vs. Bequemlichkeit«-Kosten zu reduzieren wie die »Uber-Gebühr« und die »Lieferando-Gebühr«. Sie müssen nicht völlig auf diese Dinge verzichten – machen Sie sie bloß nicht zur Gewohnheit.

TIPP:
AUF NUMMER GÜNSTIG GEHEN

Schützen Sie Ihre Investition
Wenn ich ein neues Handy bekomme, kaufe ich gleichzeitig eine solide Hülle und eine Schutzfolie für den Bildschirm. Das kostet Sie vielleicht 25 Euro oder etwas mehr, ist aber immer noch wesentlich billiger als eine Bildschirmreparatur!

Könnten Sie Hunderte Euro sparen, indem Sie einen Mobilfunkvertrag ohne Handy abschließen?

Sagen wir, Sie haben einen Handyvertrag, bei dem Sie 18 Monate lang monatlich 50 Euro zahlen, um ein neues Smartphone zu bekommen. So binden die Telekommunikationsunternehmen Sie an sich und ermöglichen Ihnen gleichzeitig, die Kosten für ein neues Handy über die Laufzeit zu verteilen. Wenn Sie es sich leisten können, ist es jedoch immer günstiger, das Geld für das Handy auf einen Schlag hinzulegen und einen Vertrag zu wählen, bei dem Sie nur die Sim-Karte bezahlen. Das ist jedoch finanziell nicht für alle zu stemmen.

Dennoch ist es immer ratsam, zu prüfen, wann ihr Vertrag endet. Möglicherweise können Sie nämlich Hunderte Euro im Jahr sparen, wenn Sie zu einem Vertrag ohne Handy wechseln.

Nach 18 Monaten hat Ihr Anbieter sein Geld für das Gerät locker wieder drin, doch wenn Sie nichts unternehmen, zahlen Sie trotzdem weiterhin monatlich 50 Euro.

Die Telekommunikationsunternehmen sind gesetzlich verpflichtet, rechtzeitig darauf hinzuweisen, dass Ihr Vertrag endet – sie werden Sie jedoch gleichzeitig zu einem »Upgrade« drängen und zu einem neuen, kostspieligen Vertrag für ein neues Handy. Haben Sie Ihr altes Smartphone gut in Schuss gehalten (siehe oben), brauchen Sie das nicht!

GELDGESCHICHTE:
Die Macht der Automatisierung

Sich um das eigene Geld zu kümmern, ist schwierig genug – spezielle psychische Bedingungen wie ADHS (Aufmerksamkeitsdefizit-Hyperaktivitätsstörung) können es jedoch zusätzlich verkomplizieren.

Liz nutzte die Macht der Automatisierung, um ihre Finanzen auf eine Weise zu transformieren, die sie zu Beginn des Lockdowns nicht für möglich gehalten hätte.

»Meine Freunde und Freundinnen erzählten stolz, wie viel Geld sie dadurch sparten, dass sie im Homeoffice arbeiteten. Ich dagegen war jeden Tag auf der Amazon-Website und bestellte alles, was Instagram mir vorschlug«, erzählt die 35-Jährige. Nachdem ihre WG die zunehmende Anzahl der Pakete kritisch quittierte, holte sich Liz therapeutische Hilfe – und kam so zu ihrer ADHS-Diagnose.

Impulsives Geldausgeben – und die finanziellen Folgen – ist etwas, womit viele Menschen mit ADHS Schwierigkeiten haben. Für Liz war Finanzplanung ein Ding der Unmöglichkeit. Sie reizte ständig ihren Dispo aus und geriet in finanzielle Engpässe.

»Ich hatte große Scham- und Schuldgefühle wegen meiner chaotischen finanziellen Situation, aber eines der wenigen Dinge, die mir ein besseres Gefühl gaben, war das Vergnügen, Geld auszugeben«, sagt sie.

Liz wusste, dass sie das herunterschrauben musste, aber sie wollte kein restriktives Budget aufstellen. Sie begann, indem sie ein kleines Problem anging – die Angst, sich ihren Kontostand anzuschauen.

»Ich weiß, dass Routinen gut für mich sind. Also beschloss ich, dass ich jedes Mal, wenn ich den Müll rausbrachte, in meine Banking-App schauen würde«, erzählt sie. Sie verknüpfte eine Gewohnheit erfolgreich mit einer anderen – Liz hatte das Gefühl, als wäre die Entscheidung, wann sie sich ihren Kontostand ansehen sollte, für sie getroffen worden. Der Vorgang war automatisiert worden.

Ihr nächster »Groschenfallmoment« war, als sie in einer Folge meines Podcasts *Money Clinic* von Automatisierung hörte.

»Jetzt mache ich die Budgetplanung so, wie es für mein Gehirn funktioniert«, sagt Liz. Ihr erster Schritt war, eine Multibanking-App herunterzuladen und ihre Ausgaben »aufzurunden«. Jedes Mal, wenn sie für etwas bezahlt, das weniger als 5 Pfund kostet, fließt das digitale »Kleingeld« automatisch aufgerundet auf ihr Sparkonto.

»Ich wollte nicht auf die kleinen Dinge verzichten, die mir Freude bereiten, wie mein Morgenkaffee für unterwegs oder edle Schokolade«, sagt sie. »Jetzt muss ich kein schlechtes Gewissen mehr haben, wenn ich kleine Summen ausgebe, denn jedes Mal, wenn ich etwas kaufe, spare ich gleichzeitig – ohne darüber nachdenken zu müssen.«

Das »Kribbeln« der kleinen Käufe hat Liz geholfen, auf die größeren zu verzichten: »Jetzt schaue ich vor jeder Anschaffung zuerst auf meinen Kontostand.«

Nachdem sie ihr Konto wieder in die schwarzen Zahlen gebracht hatte, beschloss Liz, mit »Pay yourself first« zu beginnen. Sie richtete automatische Überweisungen auf verschiedene Sparkonten in ihrer Banking-App ein. Am Zahltag werden festgelegte Beträge automatisch in ihre Notfallrücklagen und ihre Urlaubsersparnisse abgezweigt. Das ermöglicht ihr zu sparen, ohne sich darüber Gedanken zu machen. So kann sie sich darauf konzentrieren, das übrige Geld zu verwalten.

»Weil ich mehr Freude an vielen kleinen Ausgaben habe, steht fest, dass ich meinen Sommerurlaub zwei Wochen in Wales verbringen werde anstatt zwei Wochen in der Toskana. Die Toskana würde einfach zu strenge Einschränkungen erfordern«, sagt sie.

»Ich zahle nun mehr bei der betrieblichen Altersvorsorge ein – das hat teilweise damit zu tun, dass ich sehen kann, wie der Betrag dort wächst. Außerdem habe ich einen Fondssparplan, in den ich monatlich 200 Pfund einzahle«, erzählt sie.

»Ich habe das Selbstvertrauen gewonnen, mit einem Frauennetzwerk bei der Arbeit über Geld zu sprechen.

Das hat viel bewirkt. Wenn ich zurückblicke, wie ich mich während des Lockdowns gefühlt habe, hätte ich nie geglaubt, dass ich meine Finanzen in den Griff bekommen würde – aber das habe ich.«

Ich hoffe, die Tipps, Ratschläge und Beispiele in diesem Kapitel inspirieren Sie dazu, sich ein eigenes System aufzubauen. Gleichzeitig sollen sie dazu dienen, Ihnen zu zeigen, dass es so viele Wege gibt mit Geld umzugehen, wie Menschen.

Liz' Geschichte ist eine Erinnerung daran, dass eine Strategie nicht für alle von uns gleichermaßen geeignet ist. Das ist genau das, was ich meine, wenn ich von »bewussten« Geldentscheidungen spreche. Nehmen Sie sich die Zeit, achtsam und neutral zu beobachten, was Sie tun. Die meisten von uns überlassen ihr Geld sich selbst, aber wir müssen über die möglichen Vorteile anderer Ansätze nachdenken.

Aufteilen und automatisieren sind wirksame Wege, eine Entscheidung einmal zu treffen und durch die Routine immer wieder davon zu profitieren. Ich bin jedoch noch nicht fertig – in den folgenden Kapiteln werde ich Ihnen vier weitere Gewohnheiten vorstellen.

4

Die Schuldenfalle

Nachdem wir im vorherigen Kapitel gelernt haben, wie wir im Alltag das Geldausgeben und unsere Finanzen bewusster managen können, beschäftigen wir uns nun mit den Dingen, die uns richtig teuer zu stehen kommen können.

Ja, wir sind so weit, uns dem schwierigen Thema Schulden zu nähern.

Wenn man verantwortungsvoll mit ihnen umgeht, sind Schulden ein ungeheuer nützliches Werkzeug. Nicht viele Menschen könnten Autos oder Häuser kaufen, wenn sie die Summe auf einen Schlag in bar hinlegen müssten. Sich Geld zu leihen, hat jedoch einen Preis – Zinsen – und diese schießen im Augenblick in die Höhe. Insbesondere Kreditkartenschulden und hohe Kontoüberziehungsgebühren sind eine Gefahr.

Warum wir unsere Konten ausgleichen und uns Geld zu leihen vermeiden sollten, kommt in diesen zeitlosen Zeilen aus Charles Dickens' Romans *David Copperfield* zum Ausdruck:

*Jährliches Einkommen: zwanzig Pfund. Jährliche
Ausgaben: neunzehn Pfund, neunzehn Schilling,
sechs Pence. Resultat: Wohlergehen.
Jährliches Einkommen: zwanzig Pfund, jährliche
Ausgaben: zwanzig Pfund, sechs Pence. Resultat:
Elend.*

Wie der verschuldete Mr Micawber aus dem Roman warnt:
Können Sie etwas weniger ausgeben, als Sie verdienen, sind
Ihre Finanzen in bester Ordnung. Doch geben Sie auch nur
ein *kleines bisschen* mehr aus, als Sie hereinholen, häufen
Sie Schulden an. Durch die Zinsen vermehren sich diese
noch, und die Rückzahlung wird erst recht schwierig.

Kreditkarten, »Jetzt kaufen, später zahlen«-Angebote
und Kurzzeitkredite gab es vielleicht 1850, als Dickens diese
Zeilen schrieb, noch nicht, aber das Potenzial, Existenzen
zu vernichten, hatten Schulden damals wie heute.

Schulden sind ein normaler Teil des modernen Lebens,
doch die Scham und das gesellschaftliche Stigma, die damit assoziiert werden, sie nicht zurückzahlen zu können,
sind bereits seit dem 19. Jahrhundert hochaktuell. Bevor wir weitermachen, lassen Sie uns jegliche Schamge-
fühle beiseiteschieben. Weder verurteile ich Sie, wenn Sie
mehrere Kreditkarten verwenden, noch wenn es Ihnen
schwerfällt, dem »Jetzt kaufen, später zahlen«-Button zu
widerstehen, oder wenn Sie regelmäßig in den Dispo geraten.

Sich Geld zu leihen, ist erschreckend einfach. Ein Verständnis dafür, wie die Konsumkreditindustrie davon profitiert, unsere emotionalen Knöpfe zu drücken und uns davon zu überzeugen, noch mehr Schulden aufzunehmen, ist die Hauptbotschaft, die ich Ihnen in diesem Kapitel mitgeben möchte.

Heutzutage wird man nicht in den Schuldturm geworfen (eine Art altertümliches Sondergefängnis für Schuldner), wenn man sein Kreditkartenlimit ausreizt. Doch selbst wenn Sie die Rechnungen pünktlich zahlen – zu viele kurzfristige Kredite sind eine Angewohnheit, die auf Jahre oder sogar Jahrzehnte einen ungünstigen Einfluss auf Ihre zukünftigen Finanzen haben könnte.

Wie das? Lassen Sie mich erklären, was man Ihnen über Schulden verschweigt.

Kreditkarten

Wenn es ein Finanzprodukt gibt, das ich liebend gern umbenennen würde, dann ist es die Kreditkarte.

Kredit klingt so positiv. Kredit ist etwas, das man erhält. Sie sind kreditwürdig. Die Kreditkartenunternehmen errechnen Ihren Kredit-Score, und wenn er hoch ist, dürfen Sie sich säckeweise Geld leihen.

Gute Nachrichten, heißt es. Ihr Kreditrahmen beträgt 4000 Euro. So viel Geld könnten Sie ausgeben; wenn Sie es haben möchten, setzen wir einen großen grünen Haken dahinter. Überlegen Sie nur, was Sie alles mit diesem Geld anfangen könnten. Sie könnten sich all die Dinge gönnen, die Sie sich wirklich verdient haben! Mit dieser Kreditkarte zahlen Sie null Prozent Zinsen in den ersten neun Monaten – außerdem sammeln Sie Punkte bei jedem Kauf. Für die Punkte gibt es Prämien, beispielsweise einen luxuriösen Wellnesstag für Sie und Ihre Begleitung.

Sie können Ihre innere teure Tina förmlich schreien hören: »Worauf wartest du noch?«

Stellen wir uns nun für einen Augenblick vor, Kreditkarten würden SCHULDENkarten heißen.

Um mittels einer Schuldenkarte Geld zu leihen, müssen die Kreditgeber Ihre Schuldfähigkeit einschätzen. Ihre neue Schuldenkarte hat einen Schuldenrahmen von maximal 4 000 Euro.

Das ist eine viel negativere Art des Kundenmanagements!

Und unversehens hat sich das »imaginäre Geld« – die 4 000 Euro, auf die Sie Zugriff haben und die Sie nach Belieben ausgeben könnten, was Ihnen so gute Gefühle beschert hat – in etwas Negatives verwandelt. Die Summe hat ein negatives Vorzeichen bekommen. Ist eine Verbindlichkeit geworden, die zurückgezahlt werden muss.

Kreditinstitute existieren nicht, um uns kostenlos Geld zu geben – sie verkaufen uns Schulden. Nicht so offensichtlich ist: Je länger wir brauchen, um diese Schulden zurückzuzahlen, desto mehr Geld können sie aus uns herauspressen.

Ich habe diese wertvolle Lektion Anfang der 2000er in einem unerwarteten Klassenzimmer, einem seelenlosen skandinavischen Möbelgeschäft in Nordlondon gelernt (eine kurze Version der Geschichte habe ich in einem *Financial-Times*-Artikel mit dem Titel »My Biggest Financial Mistake«[8] erzählt).

Ich war Anfang zwanzig und hatte mich gerade von meinem Freund getrennt. Darüber war ich froh, aber ärgerlicherweise hatte er bei seinem Auszug zahlreiche Möbelstücke mitgenommen, darunter auch den Couchtisch.

Der neue Tisch, den ich mir aussuchte, kostete ungefähr 250 Pfund, besaß eine Zeitschriftenablage und sehr stabile Metallbeine. Wenn ich aus dem Pub nach Hause kam, legte ich mich auf den Boden und hielt mich in dem vergeblichen Versuch, den sich drehenden Raum zu stoppen, an diesen Beinen fest. Ähnlich unfokussiert muss ich gewesen sein, als ich die Rückzahlungsbedingungen las.

Als ich den Tisch kaufte, ließ ich mich von ein paar grellen Plakaten davon überzeugen, mir eine Kundenkreditkarte anlegen zu lassen und den Tisch auf Pump zu kaufen (daneben erwarb ich auch eine Reihe Zimmerpflanzen, die schon vor der ersten Rate eingegangen waren). Der Anreiz war ein Nachlass von 10 Prozent auf meinen ersten Einkauf. 25 Pfund weniger! Ich fühlte mich wie eine Gewinnerin. Im weniger ins Auge springenden Kleingedruckten stand, dass die Kreditkartenzinsen des Möbelhauses 20 Prozent betrugen.

Als die erste Rechnung kam, war sie automatisch auf die niedrigste Rückzahlungsquote von 5 Prozent eingerichtet, also um die 12 Pfund. Im Kontext meines hektischen Lebens fühlte es sich wie ein Schnapper an, monatlich 12 Pfund für einen Tisch zu bezahlen (und ihn dafür für 25 Pfund weniger zu bekommen).

Einige Jahre (und mehrere Liebesgeschichten) später sah ich mir meine Kontoauszüge an und dachte: »Warum zur Hölle bezahle ich immer noch für diesen Couchtisch?« All die monatlichen Zahlungen müssten doch ausgereicht haben, um ihn inzwischen abbezahlt zu haben, oder? Von wegen.

Als ich mir die Kreditkartenabrechnungen genauer vornahm, sah ich die Auswirkungen der Zinsen in Höhe von 20 Prozent. Mir wurde klar, dass ich 20 Prozent Zinsen *jährlich* zahlte (der Hinweis ist der Ausdruck »effektiver Jahreszins«).

Am Anfang war da also der Couchtisch für 250 Pfund. Die 10 Prozent Rabatt, die ich mit der Kreditkarte des Geschäfts erhalten hatte, bedeuteten, dass er 225 Pfund kostete, was zunächst wie ein gutes Geschäft wirkte.

Doch da ich Monat für Monat nur einen winzigen Anteil davon abbezahlte, hatte es Jahre gedauert, schuldenfrei zu werden – und in dieser Zeit stellte man mir zusätzlich 20 Prozent auf mein verbleibendes Soll in Rechnung. Was ich letztendlich für den Tisch hingelegt habe?

Sage und schreibe 325 Pfund.

Am Ende habe ich 100 Pfund draufgezahlt. Ein hervorragendes Geschäft für den Möbelladen, nicht für mich!

Ich rief mir ins Gedächtnis, wie für die Kreditkarte geworben wurde. Hätte da statt »10 Prozent Rabatt auf Ihren ersten Einkauf« gestanden: »Sie bezahlen letztlich 100 Pfund mehr für Ihren ersten Einkauf«, wäre niemand auf die Idee gekommen, das für ein gutes Angebot zu halten. Aber am Ende bekam ich genau das – den schlechtesten Deal aller Zeiten.

Die monatlichen Rückzahlungen von wenigen Pfund schienen es nicht wert, sich Gedanken darüber zu machen. Ich hätte es mir leisten können, die Schulden viel früher zu tilgen, doch das hätte eine aktive Entscheidung erfordert.

Im Nachhinein fühlte es sich an, als wäre alles so arrangiert worden, dass ich wie eine Schlafwandlerin viel mehr bezahlte als nötig. Und weshalb sollte das Kreditkartenunternehmen dies auf den Abrechnungen eindeutiger darstellen oder die Schriftgröße des Kleingedruckten ändern? Wäre mir der Zusammenhang früher klargeworden und hätte ich die Schulden zurückbezahlt, hätte es weniger Gewinn gemacht!

Ich nahm daraus eine wertvolle Lektion mit – und den Couchtisch, der bis heute in meinem Wohnzimmer steht. Vielleicht habe ich zu viel dafür berappen müssen, aber wenigstens hat er mir 20 Jahre treu gedient (wenngleich ich mich heute nicht mehr so häufig an seinen Beinen festhalte).

DIE WAHREN KOSTEN EINES KREDITS

Angenommen, Sie nehmen im Alter von 21 Jahren 3 000 Euro mit Ihrer Kreditkarte auf und stottern sie mit der niedrigsten möglichen Monatsrate ab – wie alt sind Sie wohl, wenn die Schulden abbezahlt sind?

Die Antwort lautet: **beinahe 50 Jahre**.

Und Sie hätten insgesamt 7 750 Euro bezahlt, mehr als zweieinhalb Mal so viel, wie Sie sich ursprünglich geliehen haben!

Wie ist das möglich? Die kurze Antwort: »Zinseszins« (Nicht weglaufen!).

Dieses Beispiel stammt von der Website MoneySaving-Expert.com. Die niedrigste Rückzahlungsquote beginnt bei 80 Euro (das ist ein Prozent des Solls auf Ihrem Kreditkartenkonto in Höhe von 3 000 Euro plus Zinsen). Das reicht gerade einmal, um die gesamten Schulden sehr langsam zu begleichen – und die Höhe nimmt mit der Zeit ab.

Nach einem Jahr ist die niedrigste Rate auf 72 Euro gesunken, nach fünf Jahren auf 44 Euro (genau wie bei meinem Couchtisch wirkt die Summe trügerisch niedrig). Währenddessen beträgt der effektive Jahreszins 21,9 Prozent.

Die *Dauer der Zeit*, die Sie brauchen, um die Forderung auszugleichen, ist der Grund dafür, dass Sie so viele Zinsen zahlen. Sie haben das Geld nur ein Mal geliehen, aber Sie zahlen immer wieder, Jahr um Jahr 21,9 Prozent Zinsen.

Das ist mit »Zinseszins« gemeint – die Zinsen werden immer wieder auf dieselbe Schuld berechnet.

Albert Einstein hat angeblich gesagt, der Zinseszins sei das »achte Weltwunder«: »**Wer ihn versteht, verdient daran, alle anderen bezahlen ihn.**«

Die Kreditkartenunternehmen verstehen definitiv, wie er funktioniert. Je mehr Schulden Sie haben und je länger Sie brauchen, um sie zurückzuzahlen, desto profitabler sind Sie als Kund*in.

Welchen Unterschied die Rückzahlung macht

RÜCKZAHLUNG	ZEIT BIS ZUR VOLLSTÄNDIGEN BEGLEICHUNG DER SCHULD	ZINSEN
Minimum (1% + Zinsen oder 5 Euro)	28 Jahre	4 570 Euro
80 Euro monatlich	5 Jahre	1 740 Euro
120 Euro monatlich	2 Jahre und 9 Monate	910 Euro
240 Euro monatlich	1 Jahr und 3 Monate	390 Euro

Basierend auf 3 000 Euro Schulden und einem festen Zinssatz in Höhe von 21,9 Prozent ohne weitere Nutzung der Kreditkarte und weitere Gebühren. Alle Zahlen auf die nächsten 10 Euro aufgerundet.

Quelle: MoneySavingExpert.com[9]

In Kapitel 7 werde ich Ihnen zeigen, wie Sie den Zinseszins zu Ihrem Vorteil nutzen, indem Sie über einen längeren Zeitraum kleinere Summen an der Börse investieren.

Doch bevor wir es uns ohne großes Risiko leisten können, unser Geld zu investieren und den Zinsen über lange Zeit dabei zuzuschauen, wie sie sich ansammeln, müssen wir unsere Ausgaben und Schulden in den Griff bekommen – und das bedeutet, die »Angebote« und Belohnungsprogramme der Kreditkartenunternehmen zu verstehen.

ERGIBT EINE KREDITKARTE ÜBERHAUPT SINN FÜR MICH?

Drei Gründe, die dafürsprechen

Wegen der Allgegenwart der zinsfreien »Jetzt kaufen, später bezahlen«-Angebote wird mir diese Frage als Host des Podcasts *Money Clinic* immer häufiger gestellt. Hier die drei Gründe, weshalb es sich lohnen könnte:

1. Aufbau Ihrer Kreditwürdigkeit

Indem Sie beweisen, dass Sie Kredite verantwortungsbewusst aufnehmen und zurückzahlen können, stärken Sie Ihre Kreditwürdigkeit (eine Bewertungsziffer, die Ihnen eine Wirtschaftsauskunftei wie die Schufa verleiht – je höher diese ist, desto besser). Menschen mit einem hohen

Kredit-Score können sich zu besseren Bedingungen Geld leihen als solche mit einem niedrigen – ein großer Vorteil, wenn es darum geht, einen Kredit für eine Autofinanzierung oder eine Hypothek zu bekommen.

2. Flexiblere Zahlungsmöglichkeiten

Einige Anbieter wie z. B. bestimmte Ticketshops oder Online-Händler bieten Kreditkarten als einzige Zahlungsmethode an. Besonders bei kurzfristigen Investitionen kann die Kreditkarte Abhilfe schaffen, da sie als vertrauensvolles Zahlungsmittel eingestuft wird.

3. Wenn Sie häufig reisen

Kreditkarten können nützlich sein, da Hotels und Autovermietungen häufig eine Kreditkarte verlangen, um vorab sicherzustellen, dass Sie kreditwürdig sind, und um Ihre Buchung zu bestätigen. Ohne Kreditkarte könnte es sein, dass Sie sofort die Gesamtsumme bezahlen oder eine hohe Kaution in bar hinterlegen müssen.

Lernen, wie man Kredite nutzt

Eins muss man den Marketingabteilungen der »Schulden-karten«-Unternehmen lassen – sie wissen, wie sie uns in Versuchung führen können.

Eines der mächtigsten Verkaufswerkzeuge ist das Konzept der Null-Prozent-Zinsen.

Das klingt nach kostenlosem Geld. Während ich dies schreibe, verkündet das Klappern des Briefschlitzes unten die Ankunft eines Umschlags von Barclays. Auf dem Umschlag steht »Nought, zero, zilch, nothing …«.

Drinnen heißt es: »Wie auch immer Sie es sagen – wechseln Sie noch diesen Monat und profitieren Sie von null Prozent Zinsen!«

Die Schuldenkartengötter haben bemerkt, dass ich eine Weile kein Geld mit der Barclaycard ausgegeben habe. Sie hoffen, dass ich Ausgaben mit einer *anderen* Kreditkarte getätigt habe und dazu gebracht werden könnte, diese Schulden (und den Wert zukünftiger Verbindlichkeiten) umzuschulden. Sie lassen also die Möhre von null Prozent für zwei Jahre vor mir baumeln, wenn ich es tue.

Ist das eine gute Idee?

Sagen wir, ich hätte auf einer anderen Kreditkarte Schulden in Höhe von 3 000 Euro (und zahle darauf 20 Prozent Zinsen).

Mein Kreditkartenlimit bei Barclays ist 6 000 Pfund, sodass ich genug Spielraum habe, um mit diesen Schulden zu ihnen zu wechseln.

Gebe ich nichts anderes an, leiste ich die Rückzahlungen mit der niedrigsten Rate. Der Tabelle auf Seite 109 können Sie entnehmen, wie viele Jahre es in diesem Fall dauert, bis ich meine Schulden abbezahlt habe – und dabei liegen die Zinsen nur in den ersten zwei Jahren bei null Prozent!

Danach schießen sie auf über 20 Prozent. Wie viele Menschen können ihr Konto innerhalb von zwei Jahren ausgleichen, bevor die höheren Zinsen greifen?

VIER DINGE, DIE IHRE KREDITWÜRDIGKEIT HERABSETZEN KÖNNEN

Späte oder versäumte Zahlungen

Haben Sie eine Zahlung vergessen? Das ist schnell passiert – aber solche Fehler bleiben bis zu drei Jahre in Ihrer Akte. Automatisierung löst dieses Problem: Richten Sie eine Lastschrift für die minimale Rückzahlungssumme ein (aber versuchen Sie, diese aufzustocken, wenn es Ihnen möglich ist).

Eine »dünne Akte«

Das ist ein verbreitetes Problem für junge Menschen ohne lange Geschichte geliehenen Geldes oder Menschen, die im Ausland gelebt haben und in ihr Heimatland zurückgekehrt sind. Stellen Sie sicher, dass Sie gemeldet sind, damit Kreditinstitute Ihre Adresse überprüfen können, und führen Sie online einen Vorabcheck durch, um Ablehnungen zu vermeiden. Absagen verringern Ihre Kreditwürdigkeit noch mehr!

Bargeldabhebungen mit der Kreditkarte

Diese sind erschreckend teuer, da Sie von Tag eins an Zinsen zahlen (Sie bekommen keine 56 zinsfreien Tage wie bei Käufen). Da dies eine richtig dumme Art ist, Geld zu leihen, wirkt es, als wären Sie verzweifelt und hätten keine anderen Möglichkeiten – und verursacht eine Delle in Ihrer Kreditwürdigkeit.

Zu häufiges Ausreizen Ihres Kreditrahmens

Ihr Kreditlimit ist die maximale Summe, die Sie leihen können. Nehmen Sie davon jedoch regelmäßig mehr als 30 Prozent in Anspruch, kann das auf Kreditinstitute so wirken, als wären Sie ein Risiko.

Die Marketinggenies, die für die Kreditkartenunternehmen arbeiten, kennen zahlreiche weitere Methoden, um uns in Versuchung zu führen.

Sie könnten Ihnen **null Prozent auf Käufe** anbieten. Geben Sie bis zu 3 000 Euro mit Ihrer neuen Kreditkarte aus und zahlen Sie in den ersten neun Monaten keine Zinsen! Klingt nach kostenlosem Geld für neun Monate – aber wenn Sie das Konto nicht ausgleichen, kostet Sie das bei 20 Prozent Zinsen fast 600 Euro im Jahr!

Sie könnten Ihnen **null Prozent auf Überweisungen** anbieten, sodass Sie sich mit Ihrer Kreditkarte Geld leihen und auf Ihr Girokonto überweisen können. Im Grunde ein kurzfristiges Darlehen, das zum Beispiel über 18 Monate zurückgezahlt werden muss. Das kann nützlich sein, wenn Sie einen Klempner bezahlen müssen oder eine teurere Überziehung ausgleichen wollen – aber seien Sie vorsichtig damit. Sie müssen eine einmalige Gebühr zahlen (einen Anteil an den Schulden), und nach Ende der Laufzeit des Angebots werden Ihnen Zinsen berechnet.

Möglicherweise bekommen Sie eine Nachricht, dass man Ihren **Kreditrahmen erweitert** hat. Sie sind so eine tolle Kundin, ein so großartiger Kunde, dass Sie nun 4 000 Euro aufnehmen dürfen. Alles klar! Man würde Ihnen das Geld ja nicht anbieten, wenn man nicht davon ausgehen würde, dass Sie es zurückzahlen können, oder? Leider haben bei vielen Menschen, die ich kenne, mit dieser grundlegenden Fehlannahme die Schuldenprobleme angefangen.

Oder wie wäre es mit bis zu 20 000 **Treuepunkten** für Ihren ersten Einkauf, wenn Sie sich eine neue Kreditkarte ausstellen lassen? Geben Sie 3 000 Euro aus, und Sie haben genügend Punkte für einen Wellnesstag beisammen. Kostenlos!

Alle diese Angebote laden Sie dazu ein, mehr Geld zu leihen, als Sie möglicherweise benötigen. Es fühlt sich gut an, mit Zinsfreiheit, Treuepunkten oder einem höheren Kreditrahmen »belohnt« zu werden. Doch wenn Sie lange brauchen, um die Schulden zu tilgen, bezahlen Sie letztendlich zusätzlich Hunderte oder Tausende Euro Zinsen – das UNTERNEHMEN wird also von IHNEN belohnt. Denken wir noch einmal zu dem Beispiel der Zinsen zurück, die Sie bis zum Alter von 50 Jahren bezahlen – wie viele Wellnesstage könnten Sie sich für 4 750 Euro gönnen?

Die wichtigste Lektion hier ist: *Wenn Sie Geld leihen müssen, haben Sie einen Plan, wie Sie es zurückzahlen.*

SIND TREUEPUNKTE WIRKLICH PRÄMIEN?

Selbst wenn Sie ein Tabellentier sind und Zinszahlungen vermeiden, indem Sie Ihr Kreditkartenkonto monatlich in voller Höhe ausgleichen – wie sehr beeinflusst das Verlangen, Punkte zu sammeln, Ihr Ausgabeverhalten? Teure Tinas und Yolos aufgepasst!

Ich habe eine Kreditkarte, mit der ich Punkte bekomme, wenn ich Geld ausgebe. Ich verwende sie, um Dinge zu kaufen, die ich tatsächlich benötige, bin aber immer noch versucht, mehr auszugeben, um mehr Punkte zu erhalten! Als eine natürliche Einschränkung für mich habe ich die App nicht auf dem Handy (nur auf dem iPad, das mein Haus nicht verlässt). Ich trage die Karte nicht mit mir herum und habe die Daten nicht bei irgendwelchen Websites gespeichert. Ich mag zwar eine Finanzexpertin sein, aber ich bin auch ein Mensch und gegen Versuchungen nicht immun.

LERNEN, WIE MAN KREDITE NUTZT

Entscheidend ist, dass ich eine Lastschrift eingerichtet habe, um monatlich das *gesamte* Konto auszugleichen. Ansonsten wären 22 Prozent Jahreszinsen fällig – viel mehr, als die Punkte wert sind.

Ich habe außerdem Benachrichtigungen eingestellt, für den Fall, dass meine Kreditkarte geglüht hat. Das heißt, ich bekomme eine Textnachricht auf das Handy, wenn ich mehr als 1000 Pfund schulde – eine automatische Erinnerung, auf die Ausgabenbremse zu treten.

Ich habe im Zusammenhang mit meiner Arbeit bei der *Financial Times* mit diesem speziellen Kreditkartenunternehmen gesprochen und gesagt, dass ich Gutscheine in Höhe von mehreren Hundert Pfund von ihm besitze, während ich keinerlei Zinsen zahle. Im Grunde bezahlen sie mich dafür, dass ich diese Karte verwende, was für das Unternehmen auf keinen Fall profitabel sein kann!

Doch das stimmt nicht. Auf jeden Kunden, jede Kundin wie mich, die das Kleingedruckte lesen, kommen unzählige, die das nicht tun. Sie werden von den Punkten gelockt und verschlafen die wahren Kosten der Zinsen. Wäre das nicht der Fall, würden die Kreditkartenunternehmen Geld verlieren und diese Angebote nicht mehr machen.

Wie Sie Null-Prozent-Deals für sich nutzen

Wenn Sie diszipliniert sind, können Null-Prozent-Kreditkartenangebote ein guter Weg sein, um Schulden loszuwerden oder um notwendige größere Anschaffungen zu tätigen. Der Trick ist, sich zu überlegen, wie Sie das Geld zurückzahlen, bevor Sie die Karte verwenden.

Ich habe diese Methode genutzt, um die Kosten für neue Haushaltsgeräte aufzuteilen, als wir unsere Küche renoviert haben. Und so habe ich das gemacht:

- Ich habe mit einer Kreditkarte für die Ware bezahlt und dann den Betrag umgeschuldet. Dabei habe ich nach dem Angebot mit den niedrigsten Bearbeitungsgebühren und den meisten zinsfreien Monaten geschaut.
- Als die neue Karte ankam, habe ich sie in zwei Teile zerschnitten und an die erste Rechnung geklebt (damit ich kein Geld mit ihr ausgeben konnte!).
- Den geschuldeten Betrag habe ich durch die Zahl der zinsfreien Monate geteilt (zum Beispiel 3 000 Euro ÷ 24 Monate = 125 Euro monatlich).
- Ich habe sofort eine Lastschrift eingerichtet, um diese Summe jeden Monat zurückzuzahlen (Automatisierung!).
- Als die zinsfreie Periode vorbei war, hatte ich die Schulden vollständig abbezahlt – und vor allem keine weiteren Ausgaben angehäuft.

Denken wir zurück an die seligen Couchtischtage und stellen uns vor, wie es gewesen wäre, wenn ich mit diesem Finanzkram weniger »auf Zack« gewesen wäre:

- Ich hätte gezögert, die Lastschrift einzurichten, und wäre mit den Zahlungen in Verzug geraten.
- Ich hätte es zwar geschafft, pünktlich zu zahlen, aber weniger als die Minimalsumme.
- Ich wäre auf Einkaufstour gegangen und hätte das Kreditkartenlimit meiner neuen Karte überschritten.

All diese Dinge können Kreditkartenunternehmen das Recht geben, den Vertrag über das Angebot zu kündigen, was bedeutet, dass Sie auf der Stelle den Null-Prozent-Deal verlieren würden und wesentlich höhere Zinsen zahlen müssten.

Was die Situation noch verschlimmert: Die drei oben beschriebenen Fälle hätten außerdem Ihre Kreditwürdigkeit herabgesetzt. Würden Sie also diese Schulden zu einem *anderen* Null-Prozent-Deal umschulden wollen, würde es viel schwieriger – und teurer –, einen zu finden.

Vier Tipps, bevor Sie versuchen, eine Kreditkarte zu bekommen

1. Überlegen Sie, wofür Sie diese Karte einsetzen – und haben Sie einen Plan für die Rückzahlungen. Je länger Schulden herumlungern, desto teurer werden sie.

2. Verderben Sie sich nicht unnötig Ihre Kreditwürdigkeit durch einen gescheiterten Antrag – prüfen Sie kostenlos Ihre Berechtigung auf www.meineSchufa.de um herauszufinden, wie wahrscheinlich es ist, dass Sie für verschiedene Angebote Zusagen bekommen.

3. Es kann sein, dass Neukund*innen mit einem niedrigen Kredit-Score anfangs nur Karten mit geringeren Limits (weniger als 1000 Euro) und viel höheren Zinsen (um die 50 Prozent) bekommen. Um Ihre Kreditwürdigkeit aufzubauen, sorgen Sie dafür, dass Sie Ihr Konto jeden Monat vollständig ausgleichen, und nutzen Sie nie mehr als 30 Prozent Ihres gesamten Kreditrahmens.

4. Wenn Sie sich auf Vergleichswebsites die besten Kreditkartendeals anschauen, seien Sie sich bewusst, dass Sie möglicherweise *nicht* die dort angegebene Angebotsrate erhalten. Man könnte Ihnen stattdessen einen höheren Zinssatz oder weniger zinsfreie Monate geben – und ärgerlicherweise finden Sie das erst ganz genau heraus, wenn der Deal abgeschlossen ist.

Wie funktioniert »Jetzt kaufen, später bezahlen« wirklich?

Die Lehrbuchantwort ist: »Auf diese Weise können Sie eine große Zahlung in drei oder vier monatliche kleinere aufteilen und zahlen keine Zinsen dafür, dass Sie Geld leihen.«

Meine Antwort ist: »Es ist ein psychologischer Trick, den Händler nutzen, damit Sie Geld für Dinge ausgeben, die Sie wahrscheinlich nicht benötigen.«

Sagen wir, Sie denken darüber nach, online eine Jacke für 45 Euro zu kaufen. Ein großer pinker Kasten auf der Website leuchtet auf: »Zahlen Sie einfach 15 Euro in drei Raten!«

Weil Sie nicht sofort 45 Euro aufbringen müssen, ist es viel leichter für Sie, sich die Jacke zuzulegen … Die vernünftige Tabellentier-Stimme in Ihnen, die sagt »Ich kann mir das nicht leisten« oder sogar »Eigentlich brauche ich die Jacke gar nicht«, wird übertönt von der Teure-Tina-Stimme: »Mensch, es sind doch nur 15 Euro, und wenn sie mir nicht steht, schicke ich sie eben zurück.«

Eine Frage: Wie verdienen die Kreditinstitute, die diese Angebote machen, ihr Geld, wenn sie keine Zinsen nehmen?

Ja, sie knöpfen Ihnen Strafgebühren ab, wenn Sie Zahlungen vergessen. Aber der Großteil ihrer Einnahmen stammt von der Kommission, die Online-Händler zahlen, damit sie den »Jetzt kaufen, später bezahlen«-Service anbieten können. Im Grunde genommen *bezahlen die Händler an Ihrer Stelle die Zinsen für Ihr geliehenes Geld*. Warum sollten sie das tun?

Weil »Jetzt kaufen, später bezahlen« ein so mächtiges Mittel ist, uns dazu zu bringen, »Ja« zu mehr Ausgaben zu sagen.

In einer großen Studie von 2021 wurde festgestellt, dass bei Menschen, die »Jetzt kaufen, später bezahlen« nutzten, die Wahrscheinlichkeit geringer war, dass sie ihren Einkaufskorb füllten, damit aber letztlich nicht zur Kasse gingen (der Fluch des Online-Handels). Fast 60 Prozent der Händler gaben an, »Jetzt kaufen, später bezahlen« verbessere die »Conversion Rate« ihrer Verkäufe, und 47 Prozent sagten, es erhöhe den durchschnittlichen Wert der Bestellungen.[10] Eine andere Umfrage ergab, dass Millennials einen Artikel mit einer 69 Prozent höheren Wahrscheinlichkeit kauften, wenn sie im Rahmen eines »Jetzt kaufen, später bezahlen«-Angebots in Raten zahlen konnten.[11]

All das summiert sich erheblich. Der Wert des britischen »Jetzt kaufen, später bezahlen«-Marktes verdoppelte sich zwischen 2020 und 2021. Prognosen zufolge wird er 2026 40 Milliarden Pfund im Jahr wert sein.[12]

Mit dem Einstieg der großen britischen Banken und von Firmen wie Apple erscheint mir das absolut glaubhaft.

Sollten wir uns also Sorgen machen? Oberflächlich betrachtet ist es viel besser, sich Dinge zinsfrei kaufen zu können, als per Kreditkarte, wo die Zinsforderungen schnell ins Unermessliche steigen können.

Doch könnten Sie durch Überziehungsgebühren (siehe Seite 107) in die roten Zahlen rutschen, wenn verschiedene »Jetzt kaufen, später bezahlen«-Anbieter unterschiedliche

Summen von Ihrem Konto abbuchen? Wenn nicht über-prüft wird, ob Sie sich die Dinge wirklich leisten können? Besteht vielleicht ein Risiko, dass Sie dadurch im Endeffekt wegen verspäteter Zahlungen belangt werden? Könnte es dazu kommen, dass Sie für den Lebensunterhalt Ihre Kre-ditkarte heranziehen müssen?

Falls Sie immer wieder in Versuchung geraten, beim Online-Shopping »Jetzt kaufen, später bezahlen« zu nut-zen, überlegen Sie sich, weshalb die Händler dieses Instru-ment lieben: wegen der steigenden Verkaufszahlen. Dass die Unternehmen davon profitieren, aber unklar ist, wie viel es Ihnen nützt. Möglicherweise geben Sie viel zinsfreies Geld aus, doch was sind die Opportunitätskosten dieses Geldes? Damit meine ich: Was könnten Sie sonst für das Geld kau-fen, oder worin könnten Sie es investieren? (In Kapitel 7 bringe ich Sie auf eine Menge Ideen!)

Platzt Ihr Kleiderschrank aus allen Nähten, weil er voller Teile ist, die Sie nur ein Mal getragen haben, oder, schlim-mer noch, stehen bei Ihnen Tüten mit ungetragenen Klei-dungsstücken herum, die Ihnen nicht passen, bei denen Sie aber die Rücksendefrist versäumt haben? Dann ist der Preis, den Sie für Ihre Shoppinggewohnheit zahlen, zu hoch.

Ein Großteil des Reizes von »Jetzt kaufen, später beza-len« ist die Spontanität – das Ausbleiben der harten Kredit-würdigkeitsprüfungen erleichtert es, schnell und bequem einzukaufen. Seit 2023 gibt es neue Vorschriften für stren-gere Prüfungen, die dieses Tempo etwas drosseln könnten.

Selbst wenn wir die Prüfungen anstandslos bestehen, könnte der zusätzliche Schritt vor der Bezahlung dazu führen, dass wir uns noch einmal überlegen, ob wir wirklich eine weitere Fast-Fashion-Klamotte brauchen oder nicht.

Was sie uns über die Begleichung von Schulden verschweigen

Fühlen Sie sich bereit, »die Schublade« hervorzuziehen und die Unterlagen für Ihre eigenen Kreditkarten herauszuholen?

Es ist normal, sich davor zu scheuen. Heben wir einen Stein hoch, kommen darunter ein paar Spinnen hervorgewuselt. Doch selbst wenn Sie beim Anblick der ganzen Zahlen und der tatsächlichen Höhe Ihrer Schulden ähnlich schreien möchten, wie wenn Sie eine Spinne sehen – lassen Sie sich dadurch trösten, dass Sie auf lange Sicht Geld sparen werden, indem Sie einen Plan zur Schuldentilgung machen.

Bewahren Sie einen kühlen Kopf und beginnen Sie damit, eine Liste der offenen Beträge zu schreiben, die Sie auf jeder Kreditkarte haben, und, wichtig, wie viel Zinsen Sie dafür bezahlen (den Prozentsatz). Dadurch können Sie auf einen Blick sehen, welche Schulden im Hinblick darauf am teuersten sind.

Haben Sie einen guten Kredit-Score, könnte es möglich sein, die teuersten Schulden auf eine Null-Prozent-Karte zu übertragen und eine Lastschrift einzurichten, um diese vor Ende der zinsfreien Periode abzubezahlen.

Falls Sie bereits andere Karten mit Null-Prozent-Deals haben, notieren Sie sich, wann dieses Angebot abläuft. Durch geschickte finanzielle Beinarbeit vermeiden Sie den »Zahlungsschock« einer Umstellung auf die höhere Rate.

Die #schuldenfrei-Community auf Instagram ist eine riesige, hilfreiche Ressource, doch wie immer kann das Vergleichen mit anderen, besonders in den sozialen Medien, auch entmutigen.

Hier zwei Strategien zur Schuldenreduzierung, die Ihnen begegnen werden:

DIE SCHNEEBALLMETHODE
Sie listen all Ihre Schulden auf und bezahlen die geringste zuerst, dann die nächsthöhere. Kleine Schulden rasch zu begleichen, ist ein psychologischer Trick, der Sie zum Weitermachen motiviert – doch durch diese Methode erzielen Sie womöglich nicht die größten Zinseinsparungen.

DIE LAWINENMETHODE
Sie finden heraus, bei welchen Schulden der höchste Zinssatz gilt, und zahlen davon jeden Monat so viel Sie können ab und bei anderen nur das Minimum. Wenn die erste Schuld beglichen ist, tun Sie dasselbe mit der nächstteureren und fahren auf diese Weise fort, bis Sie Ihre gesamten Kreditkartenschulden getilgt haben.

Sie sollten jedoch nicht den Eindruck haben, Sie müssten allein mit Ihren Schulden zurechtkommen – hierfür gibt es kostenlose Hilfe.

VIER ANZEICHEN DAFÜR, DASS SIE EINE SCHULDNERBERATUNG NUTZEN SOLLTEN

Rote Zahlen sind Ihr Alltag
Sie sind den ganzen Monat in den Miesen und kommen auch dann nicht ins Plus, wenn Ihr Gehalt auf dem Konto eintrifft – und sehen nicht, wie sich die Situation verändern könnte.

Sie können »dringende Schulden« nicht zurückzahlen, ohne einen Kredit zu nutzen
Dazu gehören Ihre Miete oder Hypothek, Gemeindesteuer, Energierechnungen oder die Autofinanzierung.

Sie überlegen, einen Kredit aufzunehmen, um Ihre existierenden Schulden zu konsolidieren
Machen Sie diesen Schritt nie ohne eine vorherige kostenlose Schuldnerberatung – andere Möglichkeiten (wie

ein Schuldenbereinigungsplan) könnten langfristig viel günstiger sein.

Sie denken über andere »Lösungen für Schulden« nach, die Sie im Internet gesehen haben

Eine Form der Schuldenberatung, bei der die Privatinsolvenz vermieden werden soll, können Sie online beantragen. Aber die Unternehmen, die diese »Lösungen« anbieten, erklären häufig nicht die Nachteile dieser Vereinbarungen. Sie könnten am Ende richtig draufzahlen. Sprechen Sie daher immer zuerst mit einer unabhängigen Schuldnerberatung.

Mit einer Schuldnerberatung zu sprechen, kostet Sie oft keinen Cent und kann Ihnen helfen, Tausende Euro zu sparen. Leider suchen sich die meisten Menschen erst Hilfe, nachdem Sie jahrelang allein gekämpft haben und dadurch noch tiefer in die Schuldenspirale geraten sind. Viele legen die einzelnen Verbindlichkeiten zu einer einzigen großen zusammen, weil sie glauben, auf diese Weise Zinsen zu sparen.

»Menschen mit vielen Kreditkartenschulden sehen, dass sie ein Konsolidierungsdarlehen zu einem Zinssatz von 16 Prozent bekommen können, und denken sich: ›Oh, das ist weniger als die 20 Prozent, die ich auf den aktuellen Kredit zahle‹«, sagt die Bloggerin hinter *Debt Camel*, Sara Williams. »Aber für einen Privatkredit ist das sehr teuer [die Durchschnittsrate liegt derzeit bei unter 8 Prozent], außerdem ist es viel unflexibler. Anders als bei einer Kreditkarte müssen Sie hier jeden Monat die gesamte Rückzahlung leisten – und das über viele Jahre.«

Wenn Menschen Mühe mit der Tilgung haben, sagt Sara, greifen sie oft darauf zurück, die Kreditkarten zu nutzen, die sie ausgeglichen hatten, und häufen letztendlich noch mehr Schulden an. Leider arbeitet sie häufig mit Menschen, die ihre Schulden zwei oder drei Mal konsolidiert haben. »Jedes Mal reden sie sich ein, dies sei der vernünftige Weg.« Steigen ihre Schulden und Zinsforderungen, leidet jedoch ihre Kreditwürdigkeit, und immer weniger Kreditinstitutionen werden es riskieren wollen, ihnen etwas zu leihen – und diejenigen, die es tun, nehmen dafür Wucherzinsen (zwischen 30 und 90 Prozent sind keine Seltenheit).

»Je eher Sie in eine Schuldnerberatung kommen, desto besser sehen Ihre Chancen aus, mit den Schulden fertigzuwerden«, erklärt Sara. »Wenn Sie immer weiter Geld leihen, reduzieren sich die Möglichkeiten.«

In einer Schuldnerberatung schaut man ohne das emotionale Gepäck, das die Schulden für Sie bedeuten, auf Ihre Situation. Dort hilft man Ihnen, mit Gläubigern zu verhandeln, oder erklärt die Vorteile eines Schuldenbereinigungsplans, bei dem im Allgemeinen die auf Ihre Verbindlichkeiten fälligen Zinsen eingefroren werden.

»Wir Menschen, die in der Schuldnerberatung arbeiten, sind absolut unvoreingenommen – wir haben schon alles gehört«, sagt Sara. »Uns schockt nichts. Und egal, wie hoch Ihre Schulden sind, wir haben *auf jeden Fall* Ideen, wie wir Ihnen helfen können, sie anzugehen.«

Um eine Schuldnerberatung zu finden und mehr darüber zu lesen, wie das Ganze abläuft, können Sie sich auf den Websites von gemeinnützigen Organisationen wie dem Roten Kreuz, der Caritas oder der Arbeiterwohlfahrt (AWO) umsehen. Auch die meisten städtischen Verbände bieten eine kostenlose Schuldenberatung an.

GELDGESCHICHTE:
Fragen Sie Anthony!

Zahlreiche emotionale Fäden sind mit unserer Beziehung zu Geld verwoben. Um uns rational mit Problemen zu befassen und den Mut zu finden, uns unseren Ängsten zu stellen, müssen wir einen Weg finden, unsere Gefühle zu entwirren. Das ist leichter gesagt als getan – und besonders schwierig ist es für Vogel-Strauß-Menschen. Daher möchte ich Ihnen jemanden vorstellen, der Ihnen vielleicht helfen kann: Sein Name ist Anthony.

Einer meiner ältesten Freunde (sagen wir, er heißt William) hatte nie das Gefühl, seine Finanzen im Griff zu haben. Als Selbständiger und Vater eines kleinen Kindes hatte er im Laufe der Jahre einen ganzen Haufen Schulden angesammelt, tat aber recht erfolgreich so, als käme er zurecht. Und dann, bumm – zerbrach seine Beziehung.

Finanziell verschlechterte sich die Situation, und Williams Schulden explodierten. Monat für Monat musste er 1250 Pfund auftreiben, allein um mit den Rückzahlungen Schritt zu halten. Mehr als 1000 Pfund davon waren Zinsen und Gebühren. Er kämpfte sich durch, so lange er konnte, aber irgendwann brach er zusammen und vertraute sich einer Freundin an. Sie überzeugte ihn, eine gemeinnützige Organisation für eine kostenlose Schuldnerberatung anzurufen.

»Eine Dame namens Sue ging ans Telefon, und sie war einfach nur toll«, erinnert er sich. »Zu diesem Zeitpunkt wurde ich von meinen Gläubigern gejagt, ich hatte kein Geld und wusste einfach nicht, was ich tun sollte. Aber Sue hat mich überhaupt nicht verurteilt, sondern immer wieder gesagt: ›Gar kein Problem‹, und mir erklärt, welche Schritte ich unternehmen musste.«

Sue schlug ihm einen Schuldenbereinigungsplan vor, durch den die Zinszahlungen für Williams gesamte Schulden eingefroren würden und er sofort 1000 Pfund monatlich einsparen würde. Dafür musste er jedoch den Mut finden, stapelweise Briefe zu öffnen, eine Liste seiner Gläubiger und einen Budgetplan erstellen, um zu zeigen, in welcher Höhe Rückzahlungen für ihn möglich sein würden.

Und wo kommt Anthony ins Spiel?

William hatte einen Podcast über Todd Hermans Buch *The Alter Ego Effect* gehört, wo es darum geht, wie sich Spitzensportler*innen, um einen Wettbewerbsvorteil zu erlangen und sich weniger angreifbar zu fühlen, eine bessere, heroischere Version ihrer selbst vorstellen. Nicht *sie* treten gegen den Gegner oder die Gegnerin an, sondern ihr Alter Ego. Indem sie ihre Gefühle und Selbstzweifel auslagern, steigen ihre Siegeschancen.

Das war Williams Heureka-Moment. »Ich beschloss, dass ich von da an Anthony, mein Alter Ego, in jede schwierige Geldsituation schicken würde«, sagt er. »Dein Alter Ego muss von dir kommen. Anthony ist im Grunde ich – bloß ohne Ängste, Komplikationen und Emotionen. Er ist klar auf Ergebnisse fokussiert und im Gegensatz zu mir prokrastiniert er nie.«

William hat elf Gläubiger, die er ein Mal im Jahr anrufen muss, um sein aktuelles Soll zu überprüfen und seinen Tilgungsplan zu aktualisieren. Raten Sie mal, wem er diese Aufgabe überträgt?

»Anthony ruft sie alle für mich an, er plaudert, er lacht, er ist superselbstbewusst – weil er nicht ich ist. Ich liebe ihn! Er schämt sich nicht, denn es sind nicht seine Schulden. Der Stress, mit meinen Schulden zu leben, das Versteckspiel und die Scham haben eine große Rolle dabei gespielt, dass ich nicht klarkam. Dadurch wurde alles noch schlimmer. Wenn ich jetzt das Gefühl habe, einer bestimmten Situation nicht gewachsen zu sein, frage ich mich: ›Was würde Anthony tun?‹«

Mithilfe der Unterstützung seiner guten Freundin und seinem effizienten Alter Ego hat William mit seinen Gläubigern vereinbart, monatlich 350 Pfund zurückzuzahlen. Auf diese Weise hat er noch genug Geld zum Leben. Er bedient sich jedoch nach wie vor Anthonys Fähigkeiten, um monatlich seinen Kontostand zu überprüfen (»Habe ich erwähnt, dass Anthony Tabellenkalkulation liebt?«).

Nach Jahren des Vogel-Strauß-Daseins hat William gelernt, seine negativen Emotionen – seine Angst und Scham – bezüglich Geld beiseitezuschieben und auf eine innere Stärke zurückzugreifen, von der er nicht wusste, dass er sie besitzt.

Haben Sie Schwierigkeiten, sich Ihren finanziellen Ängsten zu stellen? Vielleicht kann Ihnen dabei ja jemand wie Anthony zur Seite stehen …

Nach diesem Kapitel wissen Sie, wie leicht wir uns dazu verführen lassen, mehr Geld zu leihen, als wir benötigen – und wie schwierig es sein kann, es zurückzuzahlen.

Vor allem sollten Sie den Unterschied zwischen Schuldenproblemen erkennen, die dadurch entstehen, dass Sie zu viel ausgeben, und die Sie selbst angehen können, und solchen, für die Sie professionelle Hilfe brauchen.

Ich hoffe, dass die Strauße unter Ihnen, die wie ich ihre sich anhäufenden Schulden ignoriert haben, den Mut finden, sich ihnen zu stellen, ihre Gefühle diesbezüglich beiseitezuschieben (mit oder ohne Anthonys Hilfe) und ihre Scham zu überwinden.

Aufbauend auf die wichtige Gewohnheit, bewusst mit Ihrem Geld umzugehen, möchten Sie vielleicht Ihre Finanzplanung so anpassen, dass Sie nicht nur Ihre Ausgaben im Blick behalten, sondern auch Ihre teuersten Schulden so schnell wie möglich tilgen.

Wie ich gezeigt habe, kann dies eine Menge Geld für Zinsen sparen.

Schnell Schulden abzubezahlen, ist ein tolles finanzielles Ziel, bei dem eine Belohnung winkt (ja, wirklich!). Wenn Sie sich angewöhnen, etwas beiseitezulegen, damit Sie Ihre monatlichen Rückzahlungen erhöhen können, fließt dieses Geld, sobald die Schulden beglichen sind, direkt in Ihr Budget. Sie sind es gewohnt, ohne diese Summe zurechtzukommen, nun können Sie sie also für größere, bessere Dinge nutzen – ja, ich spreche von Lebenszielen. Um diese langfristigen Sparziele geht es im nächsten Kapitel.

5

Hashtag Lebensziele

Ein finanzielles Ziel kann extrem motivierend sein. Was auch immer Sie sich vornehmen, der Wunsch, es zu erreichen, sollte der Kompass für all Ihre Geldentscheidungen sein. Das gilt besonders für langfristige Vorhaben: finanzielle Stationen, deren Erreichen mehrere Jahre dauert.

Das Problem ist, dass dieser Blick in die Zukunft Optimismus verlangt, und momentan ist Zuversicht hinsichtlich unserer Finanzen schwierig. Der Hashtag #lifegoals unter Social-Media-Posts ist fast ironisch geworden.

Ziele, die wir uns vielleicht irgendwann einmal gesetzt haben (wie eine Immobilie zu besitzen oder ein Anlageportfolio aufzubauen), sind nicht mehr motivierend, weil sie im Augenblick unerreichbar wirken.

Nichts treibt einen zügiger in die Arme der F*ck It School of Finance und darüber hinaus dazu, sein übriges Geld im Pub auf den Kopf zu hauen, als die Aussicht, für Jahrzehnte wie ein Mönch zu leben, um sich eine sehr kleine Hütte mit einer gewaltigen Hypothek leisten zu können. Prost! (Ich bin mir sicher, die Yolos unter Ihnen würden mir zustimmen.)

Keine dieser Alternativen ist eine gute Option, also werden wir in diesem Kapitel überlegen, wie wir uns diese finanziellen Ziele setzen und uns eine weitere der »sieben Supergewohnheiten« zunutze machen können: Ihr Geld mit einem Zweck zu verknüpfen.

Wir werden auch einen Blick darauf werfen, was momentan in der Wirtschaft allgemein los ist und wie das die Aussicht auf traditionelle »Lebensziele« wie den Kauf einer Immobilie beeinflusst.

Dann werden wir uns mutig die praktischen Aspekte anschauen, die es mit sich bringt, eine Hypothek aufzunehmen und das erste eigene Heim zu kaufen – auch wenn Ihnen das momentan vielleicht sehr weit weg erscheint. Außerdem beschäftigen wir uns mit der Herausforderung der steigenden Zinsen für diejenigen, die bereits gekauft haben.

Und schließlich rechnen wir eine andere große Anschaffung im Leben vieler Menschen durch: den Autokauf.

Was sind Ihre Ziele?

Das ist eine überraschend schwer zu beantwortende Frage. Keine Angst, ich werden Ihnen nicht den unsäglichen Bewerbungsgespräch-Dauerbrenner vorsetzen, wo Sie sich in fünf Jahren sehen.

Betrachten wir dies aus einer anderen Perspektive. Was haben Sie aufgrund der Pandemie überdacht? Brechen wir es noch weiter herunter: Was haben Sie am meisten vermisst oder bedauert, es nicht getan zu haben? Was haben Sie insgeheim genossen? (Bei mir war es, Vögel zu beobachten.) Und was wollen Sie nie wieder tun? (Bei manchen Menschen könnte das beispielsweise sein, im Büro zu arbeiten, bei anderen, im Homeoffice.)

So furchtbar die Lockdowns auch waren, sie haben uns gezwungen, darüber nachzudenken, was wirklich wichtig ist – auf eine Art und Weise, wie es die »Fünf-Jahres-Frage« nicht tut. Zeit zu haben, zu überprüfen, was uns wichtig ist, hat viele von uns zu großen Neuorientierungen veranlasst: Wir haben verändert, wie wir unser Geld ausgeben und wie wir es verdienen, haben unsere berufliche Laufbahn und nicht zuletzt unsere Beziehungen und die Entscheidung, mit wem wir unser Geld teilen, infrage gestellt.

Die andere große Frage ist, wie wir unsere Zeit verbringen wollen. Im Hinblick auf die Flexibilität, wo und wann wir arbeiten wollen, ist eine Wende eingetreten. So sehr ich meine Arbeit mag, glaube ich, dass die Pandemie mir und vielen anderen Berufstätigen gezeigt hat: Wir werden nicht dadurch definiert, womit wir unseren Lebensunterhalt verdienen. Wie wir leben wollen, ist ebenso entscheidend.

Kehren wir in diesem Zusammenhang zum Thema Geld zurück. Es gibt einige naheliegende finanzielle Meilensteine wie die erste richtige Stelle, das erste eigene Auto, das erste eigene Zuhause, die Hochzeit mit dem ersten Ehemann (ähem!) … Ich könnte die Liste sehr lange fortsetzen. Aber Sie sollten Ihre Ziele nicht darauf beschränken.

Ihr langfristiger Traum könnte sein, im Ausland zu leben und zu arbeiten, ein eigenes Unternehmen oder eine Familie zu gründen – oder alles drei. Der Punkt ist: Es gibt mehr Ziele im Leben als das verdammte Eigenheim!

Denken wir über unsere Ziele nach, können wir auf etwas hinarbeiten und die einzelnen Stationen danach ausrichten, sodass wir sie möglichst auch erreichen.

Kennen Sie erst einmal die Zahlen rund um Ihre Ziele, können Sie sie in Ihre Finanzplanung aufnehmen und Ihren Fortschritt daran messen – wie zum Beispiel die Anzahlung auf eine Immobilie. Denken Sie jedoch daran: Geld sparen allein wird Ihnen nicht helfen, dies zu erreichen. Sie müssen auch überlegen, wie Sie Geld verdienen und in welche Richtung sich Ihre Karriere entwickelt (das nehmen wir in Kapitel 8 in Angriff).

Es mag etwas dauern, bis Ihre Finanzen so laufen, dass Sie Ihre Pläne in die Tat umsetzen können – aber Pläne können immer auch angepasst werden.

Selbst wenn einige »Lebensziele« aus diesem Kapitel für Sie derzeit noch in die Kategorie »erschreckend weit weg« fallen, werden Ihnen die Informationen über Auto- und Immobilienkäufe für Ihre zukünftige Planung helfen. Wovon auch immer Sie träumen, schauen wir uns ein wenig beim Tabellentier ab und überlegen, wie wir es erreichen könnten.

GEWOHNHEIT NUMMER VIER:
Setzen Sie sich ein Ziel

Um auf Mr Micawber zurückzukommen: Wollen wir finanzielles Glück erreichen, müssen unsere Ausgaben ein klein wenig unterhalb der uns zur Verfügung stehenden Mittel bleiben. Je mehr wir monatlich sparen können, desto mehr können wir für unsere langfristigen Ziele beiseitelegen.

Vergessen Sie erst einmal Bilder von Sonnenaufgängen in den Bergen, Infinity Pools und Millionen-Euro-Villen in den sozialen Medien – jetzt, in diesem Augenblick, ist nichts Falsches daran, sich auf kurzfristigere Ziele zu konzentrieren. Zu lernen, von einer Gehaltsabrechnung zur nächsten mit unserem Geld zurechtzukommen, ist bereits eine große Leistung. Einen Notgroschen aufzubauen und Pläne für die Tilgung teurer Schulden sind superwichtige Lebensziele, und ich hoffe, ich konnte Ihnen dazu in den vorausgegangenen Kapiteln einige Anregungen geben.

Offen gestanden kann es einem lächerlich vorkommen, ehrgeizigere Ziele ins Auge zu fassen – aber genau das werden wir tun! (Ich verrate auch niemandem, wenn Sie zwischendurch mal in den Pub gehen, während Sie über das große Ganze nachdenken.)

Solche Ziele können einschüchternd wirken, aber kleine Schritte summieren sich schnell. Denken Sie dran: Wenn Sie täglich 2,70 Euro sparen, haben Sie in einem Jahr fast 1000 Euro zusammen …

Erfordert Ihr Ziel es, über mehrere Jahre zu sparen, ist Dranbleiben wichtiger, als alles perfekt zu machen. Auch wenn Sie klein anfangen oder Ihren langfristigen Zielen derzeit nur allmählich näherkommen können ist es wichtig, nicht aufzugeben. Rezessionen dauern nicht ewig an, und es geht nicht nur ums Geld. Auch effektive Recherche kann Sie auf den gewünschten Weg bringen, und der einzige Preis, den Sie für die Informationsbeschaffung am Handy oder Computer bezahlen, ist Ihre Zeit.

Zu träumen wagen

Ist Ihr ultimatives finanzielles Ziel ein eigenes Zuhause? – Geben Sie es ruhig zu. Das zu erreichen, ist schwer, aber angesichts der albtraumhaften Mietkosten unserer Zeit verstehe ich, wenn Sie sich danach sehnen. Ich gehöre nicht zu den überkritischen Finanzexpert*innen, die mit dem Zeigefinger wedelnd Netflix-Abos oder Avocados verteufeln und darauf beharren, dass Sie sich jedes noch so kleine Vergnügen im Leben versagen, um den Heiligen Gral einer eigenen Immobilie zu erlangen.

Aber ich bin Realistin. Tatsache ist, dass sich nicht viele Menschen einen Hauskauf leisten können ohne einen entscheidenden Geburtsvorteil: reiche Eltern, die bereits Immobilien besitzen.

Was die Summen angeht, die für die Anzahlungen von Häusern erwachsener Kinder ausgelegt wurden, soll die »Elternbank« beispielsweise genauso groß sein wie das neuntgrößte britische Kreditinstitut, das Hypotheken vergibt.

Das Minimum, das Sie zusammenbekommen müssen, sind 5 Prozent des Immobilienpreises. Üblich sind jedoch eher 10 oder 15 Prozent (ich erkläre später, warum).

Elterliche Großzügigkeit ist für einen Großteil aller Menschen, die zum ersten Mal eine Immobilie kaufen, der Schlüssel, um diesen Traum wahr werden zu lassen. Doch darüber, wie wertvoll dieser Beitrag ist, wird im Allgemeinen geschwiegen.

Meine Freundin Lynn Beattie, Finanzexpertin und Gründerin der Website *Mrs MummyPenny*, hat es zu ihrer Mission gemacht, das zu ändern. Sie steckt hinter diesem Tweet, der 2022 viral gegangen ist:

> *Können wir alle EIN BISSCHEN ehrlicher sein, was die Finanzierung unserer ersten Immobilie angeht? Ja, ich war 24, aber ich habe sie gemeinsam mit meinem Freund gekauft (der 10 Jahre älter war und viel mehr Geld zur Verfügung hatte als ich), und er hat die gesamte Anzahlung bezahlt.*

Lynns Tweet wurde von mehr als zwei Millionen Menschen angeschaut, hat über zehntausend Likes, Retweets und Antworten mit ähnlichen Geständnissen hervorgerufen.

»Die Ehrlichkeitswelle war ziemlich überwältigend«, sagt sie.

Die meisten Reaktionen erhielt sie von Menschen, die zugaben, dass sie das Geld nicht zusammengespart hatten: Entweder hatten sie es von jemandem bekommen, geerbt, eine Abfindung erhalten, oder sie haben vor 2008 gekauft, als man nur sehr wenig Eigenkapital benötigte (so war es bei mir).

»Viele Menschen hatten die Wahrheit jahrelang verschwiegen«, sagt Lynn. »Sie wirkten wie erlöst. Mich erreichen immer noch Antworten auf diesen Tweet.«

Die Reaktionen sind ein starkes Gegengift gegen das »Shaming« derjenigen, die nicht genug sparen können, um sich ein Haus oder eine Wohnung zu kaufen. Haben Sie keinerlei finanzielle Unterstützung, macht Ihr Netflix- und Avocadokonsum überhaupt keinen Unterschied. Ist so.

Was jedoch einen gewaltigen Unterschied macht, ist die sogenannte quantitative Lockerung (Nicht abschalten! Sie hat direkte Auswirkungen darauf, ob die Immobilienpreise fallen oder nicht).

Nach der Finanzkrise 2008 haben Zentralbanken überall in der Welt »Geld gedruckt«, um den wirtschaftlichen Zusammenbruch zu verhindern (okay, sie haben digitales Geld geschaffen, um Staatsanleihen zu kaufen, doch der Effekt war im Grunde derselbe). Durch die quantitative Lockerung wurden die Zinsen niedrig gehalten und die Banken konnten Privatpersonen (und Unternehmen) in großen

Mengen günstig Kredite geben, um das Wirtschaftswachstum anzukurbeln.

Das hat die Immobilienpreise in den vergangenen 15 Jahren massiv gepusht. Haben Sie bereits Immobilien besessen, war das fantastisch. Für die anderen war es eine Katastrophe. Durch die Finanzkrise vorsichtig geworden, bestanden die Banken nun beim Immobilienkauf auf einem viel größeren Eigenkapital.

Während die Immobilienpreise in die Höhe geschossen sind, stagnierten die Gehälter. Im Alter von 30 Jahren verdienen Menschen mit Universitätsabschluss effektiv heute weniger als vor 20 Jahren. Kreditinstitute leihen Ihnen maximal das 4,5-Fache Ihres Einkommens. Der durchschnittliche Hauspreis pro Quadratmeter in Deutschland liegt derzeit bei 2 800 Euro, während der Durchschnittsverdiener lediglich 4 105 Euro im Monat verdient – und zwar brutto! Selbst wenn Ihre Eltern Ihnen eine hohe Summe für die Anzahlung schenken können, werden Sie Schwierigkeiten haben, sich eine Immobilie zu leisten – es sei denn, Sie verdienen entsprechend.

Zahlreiche Studierende sind nach dem Abschluss in ihr Elternhaus zurückgekehrt und versuchen verzweifelt, sich etwas zusammenzusparen. Und das sind diejenigen, die noch Glück gehabt haben, die nicht dem Mietmarkt ausgeliefert sind, auf dem dank der quantitativen Lockerung schwindelerregende Mieten verlangt werden!

Wir sprechen von den »Opportunitätskosten« von Geld. Aber wir müssen auch über den »Verlust von Opportunitäten« reden, wenn wir jeden Cent für ein eigenes Zuhause beiseitelegen.

Das kann bedeuten, sich der Realität zu stellen, dass Sie es sich bei den gegenwärtigen Preisen schlicht nicht leisten können, zu kaufen. Das kann sehr demotivierend sein, aber meine Hoffnung ist, dass es vielleicht auch befreiend wirkt. Wir sollten finanzielle Unabhängigkeit nicht mit finanziellen Privilegien verwechseln. Sie haben in Sachen Finanzen nicht versagt, nur weil Sie sich kein Wohneigentum leisten können.

Doch der Markt dreht sich. Quantitative Lockerung weicht quantitativer Straffung, und die Banken heben die Zinsen wieder an, sodass Hypotheken teurer werden und damit zu rechnen ist, dass die Immobilienpreise wieder sinken – möglicherweise ziemlich stark. Das könnte die Chancen für jüngere Generationen mit der Zeit verbessern.

Haben Sie das Glück, damit rechnen zu können, dass Ihnen die Elternbank Geld vorstreckt, habe ich im Folgenden einige Tipps für Sie. Verlassen Sie sich aber nicht darauf, dass Ihre Eltern Ja sagen werden. Umbrüche auf dem Immobilien- und Aktienmarkt könnten die langfristige Finanzplanung Ihrer Eltern beeinflussen.

Hier einige Fakten zum Immobilienkauf, anhand derer Sie herausfinden können, ob dieser je ein realistisches Ziel für Sie sein kann – jetzt oder irgendwann in der Zukunft.

(K)ein Traumhaus –
Seien Sie kompromissbereit

Selbst wenn Ihnen Ihre Familie helfen kann, eine Anzahlung zusammenzubekommen, müssen Sie wegen der ungeheuren Kosten von Immobilien irgendwelche Abstriche machen.

Sie könnten beispielsweise mehr für Ihr Geld bekommen, wenn Sie an einen günstigeren Ort etwas weiter draußen ziehen; hybrides Arbeiten oder reines Homeoffice haben hier viele Möglichkeiten geschaffen. Sorgfältige Recherche ist hier das A und O.

Wohnungen kosten weniger als Häuser, aber wenn Sie eine Wohnung besitzen, pachten Sie gleichzeitig. Abgesehen von den eingeschränkten Rechten kommen monatliche Ausgaben für Betriebskosten auf Sie zu (für die Instandhaltung der gemeinsam genutzten Flächen des Hauses). Und schließlich kann es sein, dass Sie für die Verlängerung der Pacht zahlen müssen. Ein eigenes Haus ist teurer, doch Ihnen gehören in der Regel die Immobilie sowie das Grundstück, auf dem sie steht.

Denken Sie nicht einmal daran, etwas extrem Renovierungsbedürftiges zu kaufen – das sind reine Geldschlucker. Eine kosmetisch nicht so ansehnliche Immobilie dagegen, eine ohne Garten oder an einer viel befahrenen Straße kostet weniger, diese Faktoren reduzieren allerdings auch ihren Wiederverkaufswert.

Eine weitere Option ist es, mehr Zeit mit Geldverdienen zu verbringen. Könnten Sie sich um eine Beförderung bemühen, das Unternehmen oder sogar den Beruf wechseln? Daneben gibt es Zweitjobs und Nebentätigkeiten – die gehen jedoch auf Kosten Ihrer Freizeit.

Auch Ihr Beziehungsstatus beeinflusst Ihre Möglichkeiten beim Immobilienkauf enorm. Die »Single-Gebühr« erschwert das Mieten und erst recht das Kaufen. Ein Kompromiss für Singles könnte sein, Ressourcen zusammenzulegen und gemeinsam mit Freund*innen oder Geschwistern zu kaufen. Sie müssten jedoch eindeutig festlegen, wie Sie ein solches Arrangement regeln (und idealerweise einen rechtskräftigen Vertrag aufsetzen).

Alternativ könnten Sie die Idee eines Hauskaufs fürs Erste hintanstellen und ins Ausland ziehen. Steht Reisen auf der Liste Ihrer Lebensziele ganz weit oben, kann für Ihr Unternehmen im Ausland zu arbeiten eine fantastische Gelegenheit sein, die Welt zu sehen – und wer weiß, vielleicht bekommen Sie sogar einen Wohnzuschuss.

Könnte ich es mir leisten, ein Haus zu kaufen – und wie viel Geld könnte ich mir leihen?

Ob es Ihr Ziel ist, eine Wohnung zu kaufen oder ein Haus – Sie sollten, bevor Sie überhaupt anfangen zu suchen, die Antworten auf alle unten stehenden Fragen kennen:

Ist mit Ihrer Bonität irgendetwas nicht in Ordnung? Laden Sie sich nun kostenlos, beispielsweise bei der Schufa, eine Auskunft über Ihren Kredit-Score herunter und bereinigen Sie jegliches Problem lange im Voraus. Ist Ihre Kreditwürdigkeit hoch, wird man Ihnen lieber Geld leihen und eine niedrigere Zinsrate anbieten.

Eigenkapital für die Anzahlung: Sie benötigen mindestens 5 bis 10 Prozent des Kaufpreises – möglicherweise mehr – für die Anzahlung, und Ihr Gehalt muss hoch genug sein, dass Sie für den Rest eine Hypothek bekommen.

Einkommensnachweis: Als grobe Daumenregel gilt, dass Sie maximal viereinhalb Mal Ihr Jahreseinkommen aufnehmen können. Einkommensnachweise dienen als Belege (ein Paar könnte das gemeinsame Einkommen mal viereinhalb bekommen). Einige kreditgebende Institutionen rechnen Boni und andere variable Entlohnungen wie Überstundenausgleich oder Verkaufsprovisionen mit ein, andere nicht.

Überprüfen der Zahlungsfähigkeit: Die hypotheken-gebende Bank muss wissen, wie viel von Ihrem Einkommen Sie in die Tilgung des Immobilienkredits stecken können. Um das zu berechnen, wird sie Ihre Kontoauszüge auf Ihre üblichen Lebenshaltungskosten und andere Schulden durchforsten (beispielsweise von Kreditkarten oder der Autofinanzierung). Sie müssen außerdem einen »Stresstest« bestehen, der sicherstellen soll, dass Sie auch nach einer Zinserhöhung noch in der Lage sind, die Rückzahlungen zu leisten.

Andere Rücklagen: Neben der Anzahlung müssen Sie Grunderwerbssteuer bezahlen. Mit einem Online-Rechner können Sie herausfinden, wie hoch diese für Ihr erstes eigenes Zuhause sein wird. Dann sind da die Honorare (Anwältin, Gutachter, Hypothekenmaklerin) plus Produktkosten für Ihre Hypothek (diese können inklusive Zinsen zu Ihrem Kredit hinzukommen). Und das alles, bevor Sie überhaupt an den Möbelkauf gedacht haben!

Die Eltern- oder Großelternbank: Wenn Sie Geld von der Eltern- oder Großelternbank bekommen, muss klar sein, ob es sich um ein Geschenk oder ein Darlehen handelt – und dass dieses Geld auf Ihren Namen läuft –, bevor Sie mit der ernsthaften Suche beginnen.

WIE VIEL KÖNNTEN WIR UNS LEIHEN?

Kennen Sie die Antworten auf diese Fragen, können Ihnen Hypothekenmakler oder die Kreditabteilung einer Bank genau sagen, welche Immobilien in Ihre Preisspanne fallen könnten.

Makler und Maklerinnen haben Zugang zu allen Angeboten auf dem Markt (die täglich wechseln), auch wenn die meisten ein Honorar oder eine Provision verlangen, sind es die gesparte Zeit und der Aufwand wert. Sie wissen, für welche Angebote Sie mit Ihrem Profil wahrscheinlich infrage kommen, und können Ihnen im Kaufprozess zur Seite stehen.

Als Nächstes bekommen Sie vom Darlehensgeber eine »Finanzierungsbestätigung« (ein Schreiben, in dem steht, wie viel man bereit ist, Ihnen zu leihen). Sie rechnen Ihr Eigenkapital dazu – und stehen dann vor der Herausforderung, erstens ein Zuhause innerhalb Ihres Budgets zu finden und zweitens die anderen Kaufinteressenten auszustechen, um es auch zu bekommen.

WAS IST DER BESTE WEG, DIE ANZAHLUNG ANZUSPAREN?

Ein Sparkonto mit den höchsten Zinsen, die Sie finden können (schauen Sie auf Seiten wie Check24 oder WeltSparen.de nach den besten Raten), doch rechnen Sie damit, Ihr Geld jedes Jahr zu bewegen, um weiterhin hohe Zinsen zu erhalten.

Sie könnten es riskieren, das Geld für die Anzahlung in Aktien zu investieren (dazu mehr in Kapitel 7), aber das würde ich nur in Erwägung ziehen, wenn es mindestens zehn Jahre dauert, bis Sie in der Position sein könnten, zu kaufen – das Risiko, dass Sie Ihr Geld auf kurze Sicht verlieren könnten, ist hoch.

WAS MAN IHNEN ÜBER DEN IMMOBILIENKAUF VERSCHWEIGT

Ich muss gestehen, ich bin ein bisschen in den Immobilienexperten Henry Pryor verliebt. Ja, er ist ein Makler (buh!), aber er ist ausschließlich für Käufer und Käuferinnen tätig und setzt sich dafür ein, dass diese bessere Geschäfte machen.

Das ist ein unglaublich wichtiger Unterschied. Fangen Sie an, sich Immobilien anzuschauen, könnten Sie leicht in den Glauben verfallen, die Person, die Sie herumführt, sei Ihr Makler oder Ihre Maklerin.

»Das ist so, als würde ein Schaf oder eine Kuh in einen Schlachthof kommen und sagen: ›Da ist mein Schlachter‹«, sagt Henry. »Vergessen Sie nie: Makler sind da, um Sie finanziell auszunehmen!«

Während ich dies schreibe, hat ein durchschnittlicher Makler 24 Immobilien in seinen Büchern und 500 Interessenten. Um zu entscheiden, ob es sich überhaupt lohnt, sich mit Ihnen abzugeben, fragt er sich: »Ist diese Person geeignet?«

Um als geeignet zu gelten, müssen Sie Makler (und Eigentümerin) überzeugen, dass Sie vorbereitet sind, über die notwendigen Mittel verfügen und man mit Ihnen das Geschäft problemlos und schnell abwickeln kann.

Um ernst genommen zu werden, müssen Sie im Vorhinein die Zusage für eine Hypothek (oder eine E-Mail von der Vermittlung) und den Screenshot einer Bankeinlage auf Ihren Namen mit mindestens 10 Prozent des Kaufpreises vorzeigen sowie einen Anwalt oder eine Anwältin auf Abruf haben (fragen Sie in Ihrem Familien- und Freundeskreis nach Empfehlungen).

»Dann denkt der Makler: ›Sehr gut, leicht verdientes Geld‹«, erklärt Henry.

Immobilienmakler*innen sind Profis darin, die richtigen Fragen zu stellen, um ihre Beute einzuschätzen, also plaudern Sie nicht. »Müssen die wissen, dass Ihre Schwiegermutter notfalls weitere 10 000 dazutut? Nein!«, sagt Henry.

Zudem übertreiben sie, achten Sie also gut darauf, was gesagt wird. Eine gebräuchliche Halbwahrheit ist: »Wir haben bereits eine Offerte über den Angebotspreis abgelehnt.« Henry schlägt vor, dass Sie dann antworten: »Kam es von einem geeigneten Käufer?«

Sie könnten außerdem fragen, ob der Makler der erste beauftragte ist (wenn nicht, fragen Sie, warum) und ob die Klienten anderes Wohneigentum gefunden haben, in das sie einziehen können, oder ob sie noch suchen. Kaufen Sie zum ersten Mal, haben Sie einen großen Vorteil:

Sie müssen keine Immobilie loswerden, bevor Sie die neue erwerben. Das kann dazu führen, dass Sie eher als geeignet gelten, selbst wenn Ihr Angebot nicht das höchste ist.

EIN ANGEBOT ABGEBEN

»Der Angebotspreis ist eine Kombination aus der Gier der Verkäuferin und der Begeisterung des Maklers, dass er das Geschäft machen kann«, sagt Henry (Verstehen Sie, warum ich ihn so toll finde?).

Selbst wenn der Angebotspreis in Ihrem Budget liegt – weicht er stark von ähnlichen Immobilien in der Umgebung ab, könnte Ihr Hypothekengeber verlangen, dass Sie wegen des niedrigeren Beleihungswerts eine höhere Anzahlung leisten.

Henry schlägt vor, um Zeit zu gewinnen, solle man dem Makler sagen: »Wir werden ein Angebot machen, aber wir konkretisieren die Zahlen im Auto auf dem Heimweg.«

Selbst wenn Sie bereit sind, 10 Prozent mehr als den Angebotspreis zu bezahlen, ist es im Interesse des Maklers, Sie zur Abgabe eines höheren Angebots zu drängen – in der Regel ist sein Honorar ein Anteil des Verkaufs.

»Wie viele Menschen schon zu mir gesagt haben: ›Wir haben das Angebot erhöht, weil der Makler meinte, es sein nicht genug‹«, seufzt Henry. »Der Makler arbeitet nicht für Sie! Sie bieten damit im Grunde gegen sich selbst.«

DEN KAUF UNTER DACH UND FACH BRINGEN

Ihre erste Herausforderung ist, das Bieten für sich zu entscheiden, die zweite, diverse Sachverständige zu beauftragen und das Haus zu kaufen.

Wird Ihr Angebot angenommen, muss aus der Finanzierungsbestätigung ein festes Hypothekenangebot werden. Ein Hypothekenmakler hilft Ihnen dabei, Ihre Optionen durchzugehen und festzulegen, wie lange Sie einen Festzins zahlen – bei den meisten Hypotheken ist der Zinssatz auf zwei oder fünf Jahre festgelegt. Außerdem benötigen Sie einen Notar.

Lassen Sie immer ein komplettes Gutachten erstellen – sollten Probleme wie Feuchtigkeit oder Asbest auftauchen, können Sie zumindest über den Kaufpreis nachverhandeln, sodass die Kosten für die Beseitigung berücksichtigt werden. Bevor Sie den Vertrag unterschreiben, seien Sie auf einen letzten Showdown vorbereitet: Was gehört zum festen Inventar? Häufig akzeptieren bisherige Eigentümer ein Angebot über alle Weißwaren – Einbauten sollten jedoch bereits im Preis enthalten sein.

Mit drei letzten Kosten sollten frischgebackene Hausbesitzer rechnen.

Erstens, die Gebäude- und Hausratversicherung.

Zweitens, monatlich angesparte Rücklagen für Reparaturen und Instandhaltung. Als ich in meine erste eigene Wohnung zog, wachte ich eines Morgens auf, und die Teppiche waren nass. Wie sich herausstellte, leckten die Rohre in der Küche. Ich weiß noch, wie ich dachte: »Mist, da rufe ich wohl besser mal die Vermieterin an« – und mir dann bewusst wurde, dass es keine gab. Außerdem hatte ich keine Versicherung (siehe weiter vorne).

Drittens sollten Paare darüber nachdenken, eine Lebensversicherung abzuschließen, mit deren Hilfe die Hypothek ganz oder teilweise abbezahlt werden könnte, falls einer von beiden stirbt. Tragischerweise ist das in meinem Freundeskreis passiert, und die Folgen waren katastrophal (der Hinterbliebene war gezwungen zu verkaufen). Eine sogenannte Restschuldversicherung bekommt man schon für fünf Euro im Monat.

Herausforderung Anschlussfinanzierung

Wenn Sie bereits eine Immobilie besitzen, herzlichen Glückwunsch – Sie haben den Traum wahr gemacht! Ihre größte Sorge gilt nun jedoch wahrscheinlich der Hypothek.

Von den steigenden Immobilienpreisen infolge der quantitativen Lockerung, die ich oben erwähnt habe, haben Sie wahrscheinlich in den vergangenen Jahren profitiert. Durch diese Maßnahme sind die Zinsen außerdem künstlich niedrig gehalten worden, sodass hohe Kredite günstig zu bedienen waren.

Das Problem ist, dass die Zinsen nun steigen – und zwar rasant.

Da die Zinsbindung bei einer Hypothek irgendwann endet, müssen Sie nach einer neuen suchen. Die monatlichen Kosten können leicht auf Hunderte Euro zusätzlich im Monat kommen – ein »Zahlungsschock«, auf den Sie und Ihr Budget vorbereitet sein müssen.

Kennen Sie das Datum, an dem Ihr Festzinsdeal endet, in- und auswendig, und kümmern Sie sich weit im Voraus um Ihre Optionen. Spätestens sieben Monate vor Ablauf sollten Sie anfangen, sich nach einem neuen Angebot umzusehen – viele Kreditinstitute ermöglichen Ihnen, sechs Monate vor Ende der Frist eine neue feste Rate zu vereinbaren. Sind Sie darauf eingerichtet, bewahrt Sie das vor dem gefürchteten marktüblichen variablen Zinssatz, sobald die Zinsbindung abläuft. Das könnte Sie noch mehr kosten als eine neue Hypothek mit festen Zinsen.

Wenn Sie »in der Schublade« nach Ihren Hypothekenunterlagen kramen, sollten Sie außerdem nachsehen, wie hoch die sogenannte Vorfälligkeitsentschädigung bei vorzeitiger Tilgung ist. Das ist die Gebühr, die Sie bezahlen, wenn Sie Ihr Festzinsdarlehen kündigen und vorzeitig eine neue Hypothek abschließen. Diese Gebühren verringern sich, je näher das Laufzeitende rückt, es bleiben aber dennoch nicht unerhebliche Kosten, die in die Tausenden Euro gehen können. Online gibt es clevere Rechner, mit denen Sie (basierend auf aktuellen Zinssatzentwicklungen) abschätzen können, ob es sich für Sie lohnen könnte, den Festzinsvertrag zu kündigen.

Bei steigenden Zinsen könnten Immobilienbesitzende in Versuchung geraten, jegliches Extrageld in die schnellere Tilgung der Hypothek zu stecken, um Zinsen zu sparen. Dafür gibt es Tilgungsrechner, die Ihnen die wahrscheinlichen Ersparnisse und die Anzahl der Jahre, um die sich Ihre Rückzahlungen verkürzen, berechnen.

Um Immobilien bezahlbar zu machen, haben Kreditinstitute die Tilgungsfristen verlängert. Der Standard waren 25 Jahre, nun sind es 40. Der Punkt ist, dass dadurch die monatlichen Raten niedriger sind und jüngere Kaufinteressenten die »Überprüfung der Zahlungsfähigkeit« bestehen, von der ich weiter oben berichtet habe – doch Sie zahlen auf lange Sicht wesentlich mehr Zinsen.

Nehmen wir an, Sie haben einen Kredit über 300 000 Euro zu einem Zinssatz von 6 Prozent aufgenommen. Zahlen Sie ihn über 40 Jahre zurück, sind Sie bei 300 Euro monatlich. Durch eine Verlängerung der Tilgungsphase, erhöht sich die Gesamtsumme der Zinsen jedoch um 200 000 Euro.

Planen Sie von Anfang an kleine Sondertilgungen ein, könnten Sie eine Menge Geld sparen – beachten Sie jedoch, dass diese normalerweise pro Jahr nicht mehr als 10 Prozent der ausstehenden Hypothek betragen dürfen. Sie könnten die Tilgung Ihres Hauskredits durch einen festen Betrag aufstocken oder mit einer App eine automatisierte Lösung verwenden und einen variablen Anteil Ihres Monatsbudgets in die Tilgung fließen lassen.

Haben Sie einen niedrigen Festzinssatz und noch einige Jahre Laufzeit, könnte eine flexiblere Lösung sein, das Geld auf das Sparkonto mit den höchsten Zinsen zu legen, das Sie finden können. Auf diese Weise könnten Sie einen Großteil Ihres Darlehens vor Ende der Festzinslaufzeit abzahlen und gleichzeitig im Notfall Zugriff auf das Geld haben.

Wird es eine Immobilienkrise geben?

Steigende Zinsen werden definitiv dafür sorgen, dass die Immobilienpreise sinken. Wir wissen bloß nicht, in welchem Ausmaß.

Erhöhen sich die Kosten für Hypotheken, wirkt sich das darauf aus, welche Beträge die Menschen aufnehmen können. Kreditinstitute werden nicht mehr bereit sein, uns so viel zu leihen. Manche Menschen könnten Schwierigkeiten mit den Rückzahlungen bekommen und gezwungen sein, zu verkaufen – bevor sie das tun, sollten sie jedoch alle Alternativen prüfen. Mir fällt bereits auf, dass einige Menschen in meinem Umkreis sich verkleinern – ihre aktuelle Immobilie verkaufen und in eine kleinere, weniger teure ziehen – oder ein freies Zimmer vermieten, damit zusätzlich Geld hereinkommt (siehe Kapitel 7).

Könnte ein Preissturz gut für Erstkäufer sein? Das könnte man meinen – doch die düstere wirtschaftliche Situation, in der Immobilienpreise nach unten gehen, erschwert es auch, eine günstige Finanzierung zu bekommen.

Sinken die Preise, sind Banken sehr viel vorsichtiger bezüglich der Summen, die sie vergeben. Sie wollen nicht am Ende mit einem Kredit dastehen, der weniger wert ist als die beliehene Immobilie.

Menschen, die ihre erste Immobilie kaufen, werden deshalb höhere Anzahlungen leisten müssen. Das spiegelt sich auch in den Zinssätzen, die Kreditinstitute verlangen: Kleinere Anzahlungen stellen ein größeres Risiko dar, weshalb Sie dafür höhere Zinsen zahlen.

Ich bin jedoch nicht unbedingt der Meinung, dass Sie sich dadurch davon abhalten lassen sollten, auf eine Immobilie zu sparen. Es ist ja wirklich ein langfristiges Ziel, und wir wissen schlicht nicht, auf welche Weise sich der Markt in Zukunft verändern wird, welche Regeln zukünftige Regierungen vielleicht einführen, um Käufer und Käuferinnen zu unterstützen, oder was Banken und Finanzaufsichten tun werden, um zukünftige Schwierigkeiten zu managen.

Was man Ihnen über den Autokauf verschweigt

Neben Immobilien ist das Zweitteuerste, was Sie in Ihrem Leben wahrscheinlich kaufen werden, ein Auto. Genau wie das Heim, in dem Sie leben, ist das Auto, das Sie fahren, ein äußeres Symbol von Wohlstand und Status (Hallo, Yolos). Autofinanzierungspläne können sich jedoch sehr negativ auf Ihr zukünftiges Vermögen auswirken.

Ich verrate Ihnen einmal ein Geheimnis: Sehr wenige Menschen, die in schicken Karren herumfahren, besitzen diese auch.

In Großbritannien werden über 90 Prozent der privat erworbenen Neuwagen (und ein zunehmender Anteil der gebrauchten) mithilfe von Finanzierungsdeals »gekauft« – meistens sind das Drei-Wege-Finanzierungen.

Diese Verträge ermöglichen es, sich genug Geld zu leihen, um ein Auto zu bekommen, das Sie sich ansonsten nicht sofort leisten könnten. Die monatlichen Zahlungen bei einem Finanzierungsplan können wie eine günstige Möglichkeit wirken, ein teures Auto zu fahren, aber sie können auch sehr kostspielig werden. Steigen Sie ein, ich erkläre es Ihnen.

Die meisten Drei-Wege-Finanzierungen werden von den Autoherstellern über ihre eigene Kreditabteilung abgewickelt und haben in der Regel Namen wie »Finanzierungslösung«. Sie werden über Autohändler verkauft, die dafür eine Kommission erhalten. Denken Sie gut darüber nach, ob diese Art, ein Auto zu kaufen, wohl ein guter Deal für Sie ist – oder für die anderen!

Der Reiz ist simpel: Ein Auto, das für 20 000 Euro angeboten wird, können Sie für ein paar Hundert Euro im Monat sofort mitnehmen. Was sollte daran schlecht sein? Na ja, die kurze Antwort ist: die zusätzlichen Kosten und Gebühren, darunter die Zinsen auf die Rückzahlungen, und die Tatsache, dass Sie am Ende des Vertrags ganz schön tief in die Tasche greifen müssen.

»Die Autoindustrie ist komplett darauf aufgebaut, dass Menschen sich Autos kaufen, die sie nicht brauchen, mit Geld, das sie nicht haben«, sagt Stuart Masson, ein ehemaliger Autohändler, der nun eine Informationswebsite für Kaufinteressierte betreibt (The CarExpert.co.uk).

Wir haben mal einer typischen Drei-Wege-Finanzierung unter die Haube geschaut. Kehren wir zu dem Auto zurück, das 20 000 Euro kostet. Üblicherweise verlangen Autohändler eine Anzahlung in Höhe von 20 Prozent – in diesem Fall 4 000 Euro. Heute laufen die meisten Finanzierungen dieser Art über vier Jahre. Wie viel Geld Sie aufnehmen müssen, wird anhand des erwarteten Werts des Autos am Ende der vier Jahre berechnet. Sagen wir, dieser wird auf 7 000 Euro geschätzt.

Um diese Differenz zu überbrücken, müssen Sie 16 000 Euro leihen (also die 20 000, für die das Auto angeboten wurde, minus Ihre Anzahlung von 4 000 Euro). Wäre dies als Ratenkaufvertrag angelegt wäre, müssten Sie 48 monatliche Zahlungen von 333 Euro plus Zinsen leisten.

Drei-Wege-Finanzierungen lassen die Zahlen jedoch besser aussehen, als sie sind. Der Trick? Sie zahlen 47 Monate lang relativ niedrige Raten und am Ende einen gigantischen Abschlussbetrag – deshalb wird diese Art der Finanzierung manchmal auch als »Ballonfinanzierung« bezeichnet.

In diesem Fall betragen Ihre monatlichen Zahlungen 191,50 Euro plus Zinsen. Nun klingt Ihr neues Auto doch gleich viel günstiger! Zu der Abschlussrate kommen wir später ...

Kaufen Sie ein brandneues Auto mithilfe einer Drei-Wege-Finanzierung, werben die Autohäuser häufig mit einem bestimmten effektiven Jahreszins. Dieser liegt normalerweise bei etwa 4 Prozent, aber da die Zinsen anziehen, so Stuart, sind die durchschnittlichen Quoten auf ungefähr 7 Prozent gestiegen – und bei Gebrauchtwagen betragen sie oft sogar 10 bis 15 Prozent.

In Ihrem Vertrag wird geregelt, wie hoch die monatlichen Rückzahlungen genau sein werden. Doch selbstverständlich wird die Gesamtsumme, die Sie hinlegen, um das Auto schließlich zu besitzen, weitaus höher sein als der Preis, den Sie zu Beginn auf der Frontscheibe haben kleben sehen.

Zu den Monatsraten müssen Sie die Kosten für Benzin, Wartung und Unfallversicherung hinzurechnen (wobei Letztere in manchen Drei-Wege-Finanzierungen enthalten sind – zu einem ordentlichen Aufschlag!). Die durchschnittlichen Unterhaltskosten betragen je nach Automodell zwischen 200 und 400 Euro im Monat.

Spulen wir vor zum Ende der vierjährigen Laufzeit Ihres Deals. In den vergangenen vier Jahren mussten Sie Zinsen auf Ihr Darlehen zahlen – um das Auto aber letztendlich wirklich zu besitzen, müssen Sie zum Schluss eine »Ballonzahlung« leisten, die dem niedrigsten garantierten zukünftigen Wert des Autos entspricht – in diesem Fall 7 000 Euro.

»Die meisten Kund*innen haben natürlich keine 7 000 Euro für diese Abschlusszahlung«, sagt Stuart. An diesem Punkt können Sie das Auto entweder an den Händler zurückgeben, und damit ist die Sache für Sie erledigt, oder einen Kredit aufnehmen (mit Zinsen), um das Auto abzuzahlen. Wollen Sie es zurückgeben, haben aber die in Ihrer Finanzierungsvereinbarung festgelegten Kilometer überschritten, müssen Sie für die zusätzlichen Kilometer eine Strafe zahlen.

Die dritte Option ist eine weitere Drei-Wege-Finanzierung, um ein neueres Auto zu fahren – und so beginnt der Kreislauf von vorn. Deshalb lieben Autohändler diese Art der Finanzierungen: Ihre Einnahmen fließen immer weiter.

Weil die Coronapandemie den Autobau ausgebremst hat, ist der Wert von Gebrauchtwagen auf einem höheren Niveau geblieben als erwartet. Menschen, deren Drei-Wege-Finanzierung 2023 ausgelaufen ist, haben möglicherweise festgestellt, dass ihr Wagen einen Marktwert hat, der über dem vom Autohaus zu Beginn festgesetzten Garantiepreis liegt. Dies könnte sie so zuversichtlich stimmen, dass sie einen neuen Vierjahresvertrag abschließen und sich ein Upgrade auf ein noch schickeres Auto leisten. Stuart warnt jedoch, dass der Wert von Gebrauchtwagen höchstwahrscheinlich wieder sinken wird.

»Autohändler wissen, wie Drei-Wege-Finanzierungen funktionieren. Ich befürchte jedoch, dass viele Kund*innen die finanziellen Implikationen nicht ganz überblicken«, sagt er. »Welche Form der Finanzierung auch immer Sie wählen, sorgen Sie dafür, dass Ihnen klar ist, worauf Sie sich einlassen, und dass Sie Ihre Rückzahlungen fristgemäß abschließen.«

Wie ältere Verwandte Ihnen wahrscheinlich schon gesagt haben, ist das Problem mit neuen Autos, dass deren Wert so schnell sinkt, wie der Neuwagengeruch verfliegt, sobald Sie vom Hof des Autohauses fahren. Ein neues Auto für 20 000 Euro könnte theoretisch 15 bis 35 Prozent seines Werts verloren haben, wenn Sie ein Jahr später versuchen, es weiterzuverkaufen – schlicht und einfach, weil es nicht mehr »neu« ist.

Deshalb sagt Dave Ramsey, der furchteinflößend griesgrämige amerikanische Finanzexperte, kein Mensch solle einen Neuwagen kaufen, es sei denn, er oder sie hat Millionen auf dem Konto liegen. Um »Lifestyle-Inflation« zu vermeiden, hat er eine weitere berühmte Regel: Der Gesamtwert all Ihrer Fahrzeuge sollte niemals mehr als die Hälfte des Jahreseinkommens Ihres Haushalts betragen.

Für einige ist ein Gebrauchtwagen der kostengünstigste Weg, sich hinter das Steuer zu klemmen. Zwar können Sie auch für Gebrauchtwagen Drei-Wege-Finanzierungen abschließen, aber nach Ramseys Lehrmeinung sollten Sie das

Geld für einen verlässlichen Gebrauchtwagen lieber zusammensparen.

Das Ziel, sich ein Auto zu kaufen, kann auch anders angegangen werden.

Lindsay Cook, die den Podcast *Mrs Mean Money Show* hostet, weist darauf hin: Wenn man einen Kredit aufnimmt, um einen Gebrauchtwagen zu kaufen, könnten die Zinsen für ein Bankdarlehen durchaus niedriger sein als bei einer Drei-Wege-Finanzierung (schauen Sie auf Vergleichswebsites, welche Quote Sie bekommen können). Kompromisse beim Autotyp zu machen, kann die Monatsraten erheblich reduzieren – außerdem gehört das Auto Ihnen, wenn der Kredit abbezahlt ist, und Sie müssen am Ende keine »Ballonzahlung« leisten.

»Autos sind heute so zuverlässig, besonders, wenn sie regelmäßig gewartet werden, die Autoservice Termine eingehalten wurden und das Scheckheft gepflegt ist. Außerdem sollten Sie vom Händler eine Garantie bekommen«, sagt sie und fügt hinzu, dass sie mit ihrem letzten Familienauto mehr als 12 Jahre ohne Probleme gefahren ist.

»Überprüfen Sie das TÜV-Siegel und stellen Sie mit einem Blick auf autodna.de sicher, dass es nicht gestohlen oder abgeschrieben wurde oder im Besitz einer Bank ist.«

Das Risiko, dass bei einem älteren Auto häufiger Reparaturen nötig sind, ist größer, doch dafür könnten Sie etwas von dem gesparten Geld zurücklegen.

Wie bei jedem Aspekt Ihres Budgets gilt auch hier: Je mehr Sie für eine Kategorie ausgeben, desto weniger haben Sie für eine andere. Bezahlen Sie für Ihre monatliche Drei-Wege-Finanzierung einen hohen Preis, machen Sie sich Gedanken über die »Opportunitätskosten« dieses Geldes. Wenn Sie nicht so viel für die Autofinanzierung ausgeben würden, für welche anderen Ziele könnten Sie dieses Geld verwenden?

Andererseits ist diese Ausgabe für Sie vielleicht gerechtfertigt, wenn Sie viel Auto fahren und Sie einen Qualitätswagen wirklich zu schätzen wissen.

Zu guter Letzt: Nutzen Sie irgendeine Form der Finanzierung, um ein Auto zu kaufen, vergessen Sie nicht, dass die Höhe der monatlichen Rückzahlungen von Kreditinstituten berücksichtigt werden, wenn sie Ihre Zahlungsfähigkeit beispielsweise für eine Hypothek prüfen.

Sich selbst zu erlauben, über den Alltag hinweg einen Blick in die Zukunft zu werfen, kann ein aufregender Ausbruch sein. Finanzplanung hilft uns zu verstehen, was wir tun müssen, um dorthin zu gelangen, und was möglich sein könnte.

Der Nachteil? Wir müssen akzeptieren, dass wir nicht alles haben können. Haben Sie entschieden, dass ein Immobilienkauf nichts ist, auf das Sie sich einlassen können, dann lassen Sie los. Das bedeutet nicht, dass Sie finanziell gescheitert sind, und auch nicht, dass Sie andere finanzielle Ziele aufgeben oder große Risiken eingehen müssen, um Ihre Träume zu erreichen.

Im nächsten Kapitel schauen wir uns die Versuchungen von »Abkürzungen zum Wohlstand« an – und weshalb Sie sich davor in Acht nehmen sollten.

6

Warum Abkürzungen zum Wohlstand keine gute Idee sind

nvestieren Sie?

Eine häufige Antwort darauf ist: »Na ja, habe ich mal ...«

Im Lockdown hat die Kombination aus freier Zeit und nicht ausgegebenem Geld Millionen Menschen dazu gebracht, zum ersten Mal in Aktien oder Kryptowährungen zu investieren. Vielleicht gehörten Sie dazu?

Es stimmt, dass manche dabei abgesahnt haben – wahrscheinlich auch einige in Ihrem Freundeskreis. Woher wir das wissen? Weil sie es uns gesagt haben!

FOMO (die fear of missing out, die Angst, etwas zu verpassen) ist ein sehr mächtiges Gefühl. Zu sehen, wie andere mit ihrem »leicht verdienten Geld« angeben, hat Sie möglicherweise davon überzeugt, es selbst auch einmal zu probieren. Das ist keine Schande.

Sich selbst mit anderen »Investor*innen« zu vergleichen, ist jedoch gefährlich. Neid und ein Gefühl von Unzulänglichkeit können dazu führen, dass wir unsere Geldanlagen unüberlegt auswählen und bloß irgendwelche Vorbilder nachahmen. Wir reagieren also rein gefühlsmäßig – und das läuft unserer ersten Geldgewohnheit, rational zu analysieren, statt emotional zu handeln, zuwider! Wir wollen das, was die anderen haben. Der Drang, »der Herde zu folgen«, verhindert, dass Sie selbst darüber nachdenken, ob eine Investition für Sie geeignet oder zu riskant ist. Leider ist es für Betrüger und Betrügerinnen sehr einfach, diese emotionalen Reaktionen zu manipulieren und uns dazu zu bringen, Finanzentscheidungen zu treffen, die wir später bereuen.

Vielleicht ist Ihnen genau das passiert, und nun bedauern Sie Ihren Verlust. Aus Ihren Erfahrungen können Sie jedoch wertvolle Lektionen ziehen.

Ihre Investition haben Sie wahrscheinlich auf der Basis der Gewinne anderer Menschen getätigt, nicht indem Sie sich die Produkte und deren Risikoklasse angeschaut haben.

Sie sollen das Investieren nicht ganz aufgeben, aber ich werde Ihnen eine weitere der »sieben Supergewohnheiten« vorstellen, um Ihnen die Gefahren von risikoreichen Investments klarzumachen. Seien Sie gespannt!

In diesem Kapitel werden wir uns den emotionalen Sog von »Über Nacht reich«-Geldanlagen anschauen und warum diese in Wirklichkeit eine Abkürzung zur Pleite sein können. Wie ich Ihnen zeigen werde, unterscheiden sich manche »Investments« nicht allzu sehr vom Glücksspiel – häufig mit äußert schlechten Gewinnchancen – und viele sind schlicht Betrug.

Finanzinfluencer*innen wirken vielleicht vertrauens-würdig, aber die sozialen Medien entwickeln sich rasant zu einem Einfallstor für Kriminelle, die uns von unseren Ersparnissen trennen wollen – und mit diesen Machenschaften werden explizit junge Investoren und Investorinnen ins Visier genommen.

GEWOHNHEIT NUMMER FÜNF: SEIEN SIE WACHSAM

Offen dafür zu sein, etwas über die Aspekte Ihrer Finanzen zu lernen, bei denen Sie sich noch nicht so sicher fühlen, ist unerlässlich für Ihren zukünftigen Erfolg.

Bei Weitem das Wichtigste, das ich an Sie weitergeben kann: Entwickeln Sie das Selbstbewusstsein, Fragen zu stellen. Ich werde häufig gefragt: »Woher wissen Sie so viel über Geld?« Die Antwort ist: Ich spreche mit Menschen! Als Finanzjournalistin lerne ich jeden Tag etwas Neues über Geld.

Es gibt wirklich keine »dummen Fragen« zu diesem Thema. Da wir jedoch ungern zugeben, wie wenig wir wissen, sind wir leichte Beute für Gruppendruck, schädliche Influencer*innen oder Betrug.

Sieht in der Finanzwelt etwas nach einem tollen Deal aus, hat es in der Regel irgendeinen Haken. In den vergangenen Kapiteln sollten Sie gelernt haben, die Augen danach offen zu halten. Am betrügerischen Ende des

Spektrums will man Sie davon überzeugen, es gebe keinen Haken – und wenn Sie keinen Haken sehen, sollten bei Ihnen die Alarmglocken angehen.

Vielleicht werden Ihnen garantierte Renditen versprochen, Investments, deren Wert nur nach oben klettern kann, leicht verdientes Geld oder die Chance, etwas Wertvolles zum halben Preis zu kaufen ... kurz, Dinge, die zu gut erscheinen, um wahr zu sein. Kommt es Ihnen so vor, als sei etwas zu gut, um wahr zu sein, dann handelt es sich mit hoher Wahrscheinlichkeit um Betrug! Emotional kann es jedoch schwierig sein, die Warnsignale zu entdecken – Kriminelle, die so arbeiten, beherrschen die Kunst der Manipulation und spielen mit unserer Gier, Angst und Verzweiflung.

Ähnliches gilt für FOMO-getriebene Anlagen. Es ist verlockend, der Herde hinterherzulaufen und zu glauben, Sie würden frühzeitig Beteiligungen an der nächsten »Meme-Aktie« oder der neuesten Kryptowährung erwerben. Doch, dass alle anderen etwas gut finden, ersetzt nicht Ihre eigene Recherche.

Die Verhaltenswissenschaft lehrt uns, dass Vieltrader dazu neigen, ihren eigenen Hype zu glauben. Wir schreiben alle Gewinne unseren Fähigkeiten zu, in die richtigen Unternehmen zu investieren, unsere Verluste dagegen betrachten wir als Pech! Fragen Sie sich also: Welche verzerrten Wahrnehmungen könnten Sie beeinflussen?

Einen langfristigen Plan zu haben, was Sie sich von Ihren Geldanlagen versprechen, ist eine viel effektivere (und weniger anstrengende!) Strategie, als ständig nach dem »nächsten großen Ding« Ausschau zu halten. Wachsam zu sein, widerstrebt möglicherweise Ihren natürlichen Instinkten, aber es ist eine Gewohnheit, die Sie davor bewahren könnte, schlechte Entscheidungen zu treffen, die Sie teuer zu stehen kommen könnten.

Warum fallen wir auf »Über Nacht reich werden«-Betrugsmaschen herein?

Wir alle wollen glauben, dass es ein einfaches Geheimnis gibt, reich zu werden. Diese simple Tatsache in Kombination mit der zunehmend schwierigen finanziellen Lage erklärt, wie ansonsten vernünftige Menschen hohe Summen verlieren können: Sie waren überzeugt, sie könnten es gegen alle Wahrscheinlichkeiten schaffen.

Vor Jahren, als ich beim Magazin *Investors Chronicle* gearbeitet habe, besuchte ich regelmäßig sogenannte »Immobilienclubs« in Londoner Top-Hotels. Dort versuchten charismatische Verkäufer*innen, Menschen jenseits der fünfzig zu überzeugen, ihre gesamten Ersparnisse in alle möglichen Arten dubioser Projekte zu stecken. Daraus resultierte eine Reihe von Exposés.

Die Aussicht auf leicht verdientes Geld öffnete die Portemonnaies. Die Spekulant*innen dort wussten vielleicht nicht viel über Auslandsimmobilien, aber sie alle wussten, dass sie reich werden wollten!

Ich gab mich als Investorin aus und stellte unangenehme Fragen dazu, wie irgendjemand – abgesehen von den Verkäufer*innen – mit diesen Strategien Geld verdienen könnte. Ich war immer darauf vorbereitet, vom Sicherheitsdienst aus dem Hotel geworfen zu werden; womit ich nicht gerechnet hatte, war, dass sich das Publikum gegen mich wandte. Warum? Weil ich ihren Traum von »finanzieller Freiheit« zerstörte. Sie wollten unbedingt glauben, dass es möglich war.

Heute müssen Sie kein Geld mehr in die Miete einer Hotelsuite stecken. Social-Media-Plattformen haben die Möglichkeiten vervielfacht, uns erschreckend mühelos um unser Geld zu erleichtern.

Verschwörer*innen und Betrüger*innen kennen das größte Finanzgeheimnis, das ich Ihnen am Anfang dieses Buches verraten habe: Die meisten Menschen haben nicht viel Ahnung von Geld (wir tun aber gern so). Wir haken eher nicht nach oder stellen peinliche Fragen. Wir wollen nicht dumm dastehen, indem wir zugeben, dass uns etwas nicht ganz klar ist. Dabei ist es viel dümmer, fortzufahren, ohne durchzublicken.

Die Grenze zwischen Hochrisiko-Investments, Glücksspiel und Betrug, wo Kriminelle es bewusst darauf anlegen, uns zu übervorteilen, ist nicht immer ganz eindeutig. In all diesen Fällen ist es das Versprechen, wir könnten »über

Nacht reich werden«, das uns anzieht – und das Maß an emotionaler Manipulation, die mit uns betrieben wird, lässt uns gegenüber den Risiken blind werden.

Nach und nach Wohlstand aufzubauen, dauert. Werden Sie gierig, ist es jedoch leicht, ihn wieder zu verlieren. Das Folgende soll Ihnen helfen zu lernen, den Unterschied zu erkennen und sich vor denjenigen zu schützen, die es auf Ihr Geld abgesehen haben.

Risikoreiche Geldanlagen

Alle, die während der Pandemie begonnen haben zu investieren, haben eine wertvolle Lektion gelernt: steigende Kurse und die eigenen Fähigkeiten bei der Anlagenauswahl nicht zu verwechseln.

Zuerst haben Sie mit Ihren Investitionen wahrscheinlich sehr gute Ergebnisse erzielt. Erinnern Sie sich an das, was ich Ihnen in Kapitel 5 über die quantitative Lockerung erzählt habe? Nun, während der Coronapandemie haben Zentralbanken überall auf der Welt eine weitere Menge »magisches Geld« in den Markt gepumpt, um die Weltwirtschaft anzukurbeln. Daraufhin sind die Werte der Aktien (und die Immobilienpreise) in die Höhe geschossen.

Bewaffnet mit einem Smartphone und einigen Trading-Apps, außerdem angespornt durch Internetforen, haben Millionen Menschen versucht, im Lockdown auf dem Aktienmarkt das schnelle Geld zu machen – und einigen ist es gelungen.

Das Problem ist, dass sich die wirtschaftlichen Bedingungen seit diesen berauschenden Tagen deutlich verschlechtert haben. Das »magische Geld« ist verpufft, und die Aktienkurse sind auf der ganzen Welt gefallen. So viel zu »über Nacht reich werden«! Wie hoch das Risiko war, das sie eingegangen sind, haben viele Neuinvestor*innen nicht ganz verstanden.

Zwischen langfristigen Anlagen und Aktienhandel mit dem Ziel, kurzfristige Gewinne einzufahren, besteht ein himmelweiter Unterschied (mehr zu Ersterem im nächsten Kapitel).

Es ist verlockend, zu glauben, es gäbe ein »Geheimnis«, das wir uns zunutze machen könnten; dass wir dank eines Insidertipps schnell eine Menge Geld scheffeln könnten.

Wir haben es im Januar 2021 beim GameStop-Phänomen gesehen, wo Hunderttausende Kleininvestor*innen sich im Internet koordiniert und Anteile des US-amerikanischen Computerspielhändlers erworben haben, der in der Pandemie wirtschaftlich zu kämpfen hatte. Professionelle Investor*innen, die GameStop »geshortet« (gegen das Unternehmen gewettet) hatten, waren gezwungen, ihre Positionen abzuwickeln, wodurch die Aktienpreise rasant anstiegen.

In dem daraufhin folgenden Wertpapierkaufrausch stellten einige meiner Kolleg*innen bei der *Financial Times* zu ihrem Entsetzen fest, dass ihre eigenen jugendlichen Kinder bei diesem Wahnsinn mitmischten. Sie hatten gesehen, dass andere abräumten, und glaubten, das könnten sie auch. Sie lernten schnell, dass die Masse der Menschen, die sich bei GameStop einkaufte, den Preis in die Höhe trieb, nicht der eigentliche Wert des Unternehmens. Als der Hype nachließ, sanken die Bewertungen in den Keller.

Ähnliche Kräfte wirkten beim »Pump & Dump« von Kryptowährungen – mehr dazu gleich.

Bleiben wir zunächst beim Aktienmarkt. Ich bin vielen jungen Investoren begegnet (die meisten waren junge Männer), die im Lockdown Gefallen am Daytrading gefunden hatten. Ich bin der festen Überzeugung, dass dies mehr Ähnlichkeit mit dem Glücksspiel hat als mit Geldanlage, und ich habe gesehen, wie schnell es süchtig machen kann.

Daytrading bedeutet im Grunde, eine riskante Wette auf Anteile abzuschließen, deren Wert sich schnell verändert. Sie könnten der Ansicht sein, dass Ihre Fähigkeiten bei der Auswahl der Investments eine Rolle spielt, in den meisten Fällen ist es aber Glück. Online-Trading-Plattformen erlauben Ihnen, Geld auf kleinste Wertunterschiede verschiedener Anteile, Aktienindizes oder – auf dem Devisenmarkt – auf Währungen zu setzen.

Ich habe junge Leute interviewt, die Tag und Nacht handelten. Sie begannen, bevor die Londoner Börse um 8 Uhr öffnete, nahmen den New Yorker Tag mit und hörten auch danach nicht auf. Das ist nicht nur riskant, es erfordert auch eine Menge Zeit, Mühe und Engagement – und oft lohnt es sich finanziell nicht einmal.

Denken Sie zurück an meine »Wofür arbeiten Sie?«-Kalkulation in Kapitel 2. Wenn Sie acht Stunden Aktien handeln und am Ende 50 Euro verdienen, haben Sie nicht gewonnen, sondern weniger als den Mindestlohn eingenommen.

Sind Sie enttäuscht vom ausbleibenden Erfolg? Keine Sorge: Eine gewaltige Online-Industrie wartet nur darauf, Ihnen Tipps, Fortbildungen im Aktienhandel und sogar Mitgliedschaften in Trading-Akademien zu verkaufen. Vieles davon ist sehr dubios. In den sozialen Medien winken Hunderte Influencer*innen mit dem großen Geld, und scheinbar unendlich viele Menschen lassen sich davon blenden und machen mit. Warum fallen wir darauf herein?

In seinem hervorragenden Buch *Get Rich or Lie Trying* analysiert der Journalist Symeon Brown die psychologischen Mechanismen hinter diesem Erfolg.

Wenn anstelle eines weißen Mannes mittleren Alters im Anzug jemand auf Sie zukommt, der Ihrem eigenen Erscheinungsbild ähnelt und Ihnen anbietet, Ihnen alles über finanzielle Freiheit beizubringen und zu erklären, wie Sie sie erreichen können, weckt das selbst bei denjenigen Interesse, die normalerweise eher skeptisch sind.

Ein großer Teil der Anziehungskraft ist die »Vom Tellerwäscher zum Millionär«-Geschichte, die andere glauben lässt, sie könnten diesen Erfolg selbst wiederholen. Also bezahlen Sie für einen teuren Kurs, in dem Sie die »Geheimnisse des Hochrisiko-Tradings« lernen.

Dabei verdienen die Finanzgurus garantiert Geld – Sie hingegen könnten alles verlieren!

Viele Influencer*innen in diesem Bereich setzen auch auf Investitionen in Kryptowährungen. Beide »Geschäftsmodelle« basieren häufig auf Affiliate Marketing, bei dem Trading-Plattformen den Influencer*innen eine Kommission bezahlen, wenn sich Menschen über sie anmelden. Viele werden versuchen, Sie dazu zu bewegen, auch Ihren Freundeskreis an Bord zu bringen. Wie Symeon zeigt, sind die Rolex und die schnellen Autos durch die Kommissionen finanziert, keineswegs durch Gewinne aus Handelsgeschäften.

Meist sind es junge Männer, die auf diese Taktiken hereinfallen. Sie bilden auch den Kern der Zielkundschaft von Sportwettenunternehmen, Trading-Apps und Kryptobörsen – eine Tatsache, die sich beispielsweise auch an den Werbepartnern im Fußball ablesen lässt.

Zwischen dem waghalsigen Griff nach den Sternen auf dem Platz und dem Machogehabe, wenn man hochriskante Wetten eingeht und gewinnt, besteht definitiv eine starke emotionale Parallele. Laut Glücksspiel-Survey 2021, eine Erhebung der Universität Bremen, ist bei Männern die Gefahr, ein problematisches Glücksspielverhalten zu entwickeln, mehr als 3-mal so hoch wie bei Frauen. Die Sehnsucht nach dem großen Gewinn lässt uns die Realität ignorieren, dass wir wahrscheinlich verlieren werden. Die gewaltigen Profite, die Online-Glücksspielplattformen machen, zeigen, wer die wahren Gewinner sind.

In der Investmentwelt erlauben manche Trading-Platt-formen den Spekulanten, sogenannte »Differenzkontrakte« abzuschließen, eine besonders toxische Form der Wette, bei der Sie Ihre Trades als Hebel nutzen können – das heißt, Geld leihen, um Ihren Einsatz zu vergrößern. Das erhöht Ihre Gewinne, aber auch Ihre Verluste.

Die britische Finanzregulationsbehörde verlangt, dass Websites, die Differenzkontrakte anbieten, die tatsächlichen Chancen deutlich machen. Die Warnung »79 Prozent der Investor*innen verlieren beim Handeln mit Differenzkon-trakten Geld« reicht derzeit allerdings noch nicht aus, Men-schen davon abzuhalten, die Website eines der beliebtesten Anbieter zu nutzen.

Selbst wenn die Chancen derart schlecht stehen, sorgt der allmächtige Traum vom Reichwerden dafür, dass viele glau-ben, sie könnten den Wahrscheinlichkeiten ein Schnipp-chen schlagen.

Ist Krypto wirklich so toll?

Als Mitglied der Kampagne für finanzielle Bildung und In-klusion (Financial Literacy and Inclusion Campaign, kurz Flic) der *Financial Times* gehe ich regelmäßig in Schulen, um über Geld zu sprechen. Kryptowährungen sind ein Be-reich der Finanzwirtschaft, der viele 14-Jährige brennend interessiert. Nach dem »Krypto-Crash« im Jahr 2022 fragen mich nun alle, wann die Kurse meiner Meinung nach wohl wieder steigen werden.

Es gibt viele Bücher, die Kryptowährungen »erklären« – dieses gehört nicht dazu. Bei allen technologischen Verheißungen und ihrer Anti-Establishment-Credibility besitzen sie keinen intrinsischen Wert. Man erwirbt bloß eine Reihe Codes und dazu einen Traum. Außerdem ist es eine Anlageklasse ohne jegliche Regulierung und Beschwerdeabteilung.

Haben Kryptowährungen langfristig eine Zukunft? Ich würde es auf keinen Fall ausschließen. Aber ich würde auch nicht meine gesamten Ersparnisse darauf setzen. Über die Frage, ob der zukünftige Wert dieser »Münzen« in ihrer Fähigkeit liegt, wie eine herkömmliche Währung ausgegeben werden zu können oder als Investment gehortet zu werden, herrscht große Unklarheit. Beides gleichzeitig ist nicht möglich!

Dennoch sind sehr viele Menschen bereit, auf eine der beiden Optionen zu setzen – und Ausmaß und Geschwindigkeit, mit denen Krypto akzeptiert wurde, sind atemberaubend. In Großbritannien haben bereits genauso viele Menschen in irgendeiner Form in Krypto investiert wie in Wertpapierdepots an der klassischen Börse.

Die Mehrheit besitzt dabei etabliertere Währungen wie Bitcoin oder Ethereum, aber man schätzt, dass es mehr als 10 000 verschiedene »Münzen« gibt. Viele davon geraten in Vergessenheit, nachdem berühmte Influencer*innen sie ihrer Followerschaft schmackhaft gemacht haben, wodurch frühe Investor*innen sie »fallenlassen« und gewaltige Profite einheimsen konnten.

Krypto-Betrug – Eine Erfolgsgeschichte

Das Wesen vieler Krypto-»Investments« – früh bei irgendeiner Währung mit seltsam klingendem Namen einsteigen und verkaufen, sobald andere auf den Zug aufspringen – macht diese Art der Anlage sehr empfänglich für Betrüger. Ich habe von vielen Menschen gehört, dass sie durch Influencer*innen auf sozialen Netzwerken abgezockt wurden. Diese gaben vor, Insiderwissen zu besitzen, und überredeten sie zu einer »Anlage«. Steigt der Wert ihrer ersten Investition rasant, werden sie manchmal überzeugt, dort noch viel mehr Geld hineinzustecken. Erst wenn sie etwas von diesen Mitteln abbuchen wollen, fällt das Kartenhaus zusammen, und ihnen wird klar, dass sie betrogen wurden.

Der britischen Finanzdienstleistungsaufsicht FCA zufolge vertrauen unter 25-Jährige sechsmal häufiger auf Geldanlagen, von denen sie auf Social Media erfahren haben. Das überrascht mich nicht, da dort heutzutage viele Rat in finanziellen Dingen, Produktempfehlungen und noch vieles mehr suchen. Doch die sozialen Medien bringen uns dazu, uns auf eine wenig hilfreiche oder gesunde Art und Weise mit anderen zu vergleichen. Dieses Bedürfnis, mit anderen mitzuhalten, nutzen Kriminelle für Betrug und Abzocke aus.

Bei einem der jüngsten Betrugsfälle wurden Instagram-Accounts seriöser Finanzinfluencer*innen (darunter auch mein eigener) »geklont«. Dabei werden alle Fotos und Videos kopiert; der einzige Unterschied ist eine kleine Veränderung des Profilnamens wie @claerb1 statt @claerb. Die Betrüger*innen schicken eine Nachricht an alle Accounts, die uns folgen, und fragen, ob sie Interesse hätten, etwas Geld nebenbei zu verdienen, und fordern sie dann auf, eine bestimmte Summe zu überweisen, um in eine Kryptowährung zu investieren. Sie können sicher sein, dass ich das nie tun würde! Ebenso wie bei Links, in Mails oder Textnachrichten sollten Sie auch in den sozialen Medien immer erst einmal davon ausgehen, dass betrügerische Absichten dahinterstecken.

Die Forschung hat gezeigt, wer in Krypto investiert, ist mit großer Wahrscheinlichkeit jung, männlich und setzt alles auf eine Karte: Diese Menschen besitzen keine langweiligen, vernünftigen Anlagen wie Sparfonds, sondern schließen die größtmögliche Wette darauf ab, dass Krypto sie reich macht.

Der besondere Reiz von Kryptowährungen liegt in dem Versprechen scheinbar demokratischeren Wohlstands. Der Mythos hält sich, weil einige dadurch tatsächlich bereits reich geworden sind. Die Menschen, die investiert und von einem riesigen Aufschwung in der Kursentwicklung profitiert haben, sind unter Umständen mit nichts gestartet, waren jung, Schwarz, aus der Arbeiterschicht, Eingewanderte – kurz, Menschen, die in der traditionellen Finanzwelt als zu arm gelten, als dass man von ihnen profitieren könnte.

Mit anderen Worten, wenn Sie sich auf der Verliererseite der quantitativen Lockerung befinden, gibt es Hoffnung … dass Sie bei Krypto zu den Gewinnern oder Gewinnerinnen gehören könnten!

Ich habe gehört, es sei nicht nur FOMO, also die Angst, etwas zu verpassen, die das Interesse an Kryptowährungen und anderen hochriskanten, potenziell sehr lohnenswerten Anlagen antreibt, sondern vielmehr die Befürchtung, niemals wirklich genug zu verdienen. Das halte ich für die traurige Wahrheit.

Ich habe mit Investor*innen gesprochen, die in der Hoffnung, ihre Profite zu maximieren, Geld über Kreditkarten aufgenommen haben, um mehr in solche Investments zu stecken. Viele besitzen nun wertlose Beteiligungen und müssen gleichzeitig ihre Kreditkartenschulden begleichen. Die Sehnsucht, schnell reich zu werden, hat sie ihre finanzielle Widerstandsfähigkeit gekostet. Manche haben sogar mit dem Leben bezahlt. Foren für Investor*innen, die beim Luna-Crash im Mai 2022 alles verloren haben, zeigten ganz oben die Telefonnummern von Hotlines zur Suizidprävention an. Eine Million weitere Investor*innen verloren alles, als die Krypto-Börse FTX im November 2022 zusammenbrach und Assets in Milliarden-Dollar-Höhe mit ihr verschwanden. Sie haben auf schmerzhafte Weise herausgefunden, dass es in der Kryptowelt keinerlei Verbraucherschutz gibt.

Krypto-Plattformen (die aus meiner Sicht denselben regulatorischen Standards unterworfen sein sollten wie solche für klassische Geldanlagen) haben für gewisse risikoreiche Wege, Coins zu handeln, als »sichere« Investition geworben. Selbst wenn Sie persönlich an die Zukunft der Kryptowährungen glauben, hoffe ich, dass Sie mir zustimmen, dass dies falsch ist.

Fürs Erste liegen die Kryptokurse am Boden und müssen sich nach den Abstürzen von Luna und FTX erst einmal erholen. Investor*innen haben jedoch ein kurzes Gedächtnis. Bei einem Hype sind es in Wirklichkeit FOMO und die Angst, nicht genug zu verdienen, die den Kurs in die Höhe treiben. Der Wunsch nach schnellem Reichtum lässt viele Menschen jegliche Vorsicht über Bord werfen.

Von jugendlichen Kryptohändler*innen zu den Investor*innen mittleren Alters im Immobilienclub lassen sich alle vom mächtigen Traum, Geld zu verdienen, blenden und sehen die Realität nicht – dass Geld zu verlieren, viel wahrscheinlicher ist.

Würden Sie auf diesen Betrug hereinfallen?

Kriminelle nutzen gern unsere emotionalen Schwachstellen aus. Es ist kein Zufall, dass der Online-Betrug während der Pandemie explodiert ist: 2021 betrug der Schaden in Großbritannien dadurch rund 1,3 Milliarden Pfund. Nicht nur verbrachten wir einen größeren Teil unseres Lebens online, sondern die wirtschaftlichen Auswirkungen der Coronapandemie schürten auch unsere finanziellen Ängste.

Traurigerweise haben sich die gestiegenen Lebenshaltungskosten als noch bessere Gelegenheit für Betrüger*innen herausgestellt. Verzweifelt versuchen die Menschen, irgendwie an Geld zu kommen, und die Phishing-Nachrichten, die wir auf unsere Handys und Rechner bekommen, spiegeln das wider.

Während der Lockdowns fielen die Opfer aufgrund des vermehrten Onlineshoppings vor allem auf gefälschte Nachrichten des öffentlichen Gesundheitssystems oder zu Paketlieferungen herein. Heute ist es so etwas wie: »Klicken Sie hier, um den staatlichen Energiezuschuss in Anspruch zu nehmen«, oder vermeintliche Einkaufsgutscheine im Wert von 100 Euro.

Die Täter und Täterinnen versuchen aber auch, uns Angst einzujagen. Die Wahrscheinlichkeit, erschrocken auf Meldungen wie »Ihr Apple-Pay-Account wurde gesperrt« oder »Ihre Amazon-Prime-Mitgliedschaft wird heute für

79,99 Euro aktualisiert« zu klicken, ist hoch. Falls Sie auf so etwas hereingefallen sind – und das ist Millionen Menschen passiert –, verlieren Sie nicht sofort Geld. Wenn Sie sich dort hindurchklicken, landen Sie auf einer offiziell aussehenden Website, wo Sie Ihre persönlichen Informationen eingeben sollen. Was haben die Betrüger davon?

Sie stehlen die Daten.

Ohne es zu ahnen, haben wir den Kriminellen unseren Namen, unsere Adresse, unser Geburtsdatum, unsere Telefonnummer und unsere Bankdaten überlassen. Vielleicht wurden wir aufgefordert, ein Passwort zu generieren, und haben das genommen, was wir immer verwenden, auch für unseren E-Mail-Account.

Diese wertvollen Daten können weiterverkauft und später für »Identitätsbetrug« genutzt werden, beispielsweise um uns anzurufen und überzeugend vorzugeben, die Betrugsabteilung unserer Bank zu vertreten.

Meine goldene Regel: Erhalten Sie eine Textnachricht, WhatsApp, E-Mail oder DM in den sozialen Medien, die einen Link enthält, gehen Sie davon aus, dass es sich um Betrug handelt. Klicken Sie ihn nicht an! Seien Sie argwöhnisch, und wenn Sie sich nicht sicher sind, kontaktieren Sie die Organisation direkt.

Die Forschung hat gezeigt, dass Menschen unter 35 eher ins Visier genommen werden als ältere: Sie sind mit dem Internet aufgewachsen, entsprechend weniger misstrauisch und fallen leichter auf derartige Betrugsmaschen herein.

Das ist der *The Money Clinic*-Hörerin Jenny passiert. Sie hat 17 000 Pfund an Kriminelle verloren, die sich als Mitarbeitende der Betrugsabteilung von HBSC ausgaben. Sie klangen, als würden sie aus dem Callcenter der Bank anrufen – als sie Jenny in die Warteschleife schickten, spielten sie sogar dieselbe Musik ab wie die Bank!

Die 31-Jährige wurde dennoch misstrauisch, als die hilfsbereiten »Bankangestellten« sie drängten, ihre gesamten Ersparnisse auf ein »sicheres Konto« zu überweisen. Sie wurde dazu angehalten, das unverzüglich zu tun, ihr Geld sei bedroht – eine übliche Taktik bei einem solchen Betrug. Die Kriminellen wissen: Wenn wir in Panik verfallen, denken wir nicht mehr klar und neigen dazu, ihre Anweisungen unhinterfragt zu befolgen.

Als Jenny nachhakte: »Woher weiß ich, dass Sie wirklich von meiner Bank sind?«, schlugen die Kriminellen vor, sie solle die Telefonnummer googeln, von der aus sie angerufen wurde (sie besaßen sogar die Dreistigkeit, sie für ihre Vorsicht zu loben!). Und ja, die Nummern im Internet und auf ihrem Bildschirm stimmten überein.

Jenny hatte jedoch noch nie von »Caller ID Spoofing« gehört. Kriminelle können es so aussehen lassen, als würden sie von einer anderen Nummer anrufen (oder texten), beispielsweise von Ihrer Bank. Leider sind Banken und Institutionen wie Telefongesellschaften sehr langsam darin, diese Praxis zu unterbinden.

WAS IST EIN GELDKURIER?

Stehlen Kriminelle Geld von Opfern wie Jenny, wissen sie, dass es für Banken viel schwieriger ist, die Überweisungen zu stoppen, wenn sie das Geld aufteilen und über Dutzende anderer Konten schicken, bevor sie es sich auszahlen. Sie bieten Leuten, die ihr Konto dafür zur Verfügung stellen, einen Anteil am Erlös.

Werbeanzeigen in den sozialen Medien, die »Extrageld für Arbeit von zu Hause« versprechen, werden häufig genutzt, um Geldkuriere zu rekrutieren, die gestohlenes Geld erhalten und weiterüberweisen. Unter 24-Jährige bilden etwa die Hälfte aller Geldkuriere, die erwischt werden, wenn die Algorithmen der Banken verdächtige Transaktionen anzeigen. Mit den steigenden Lebenshaltungskosten werden den Banken zufolge zunehmend auch ältere Kuriere angeworben. Nur wenigen ist klar, dass es sich dabei um Geldwäsche handelt und somit um eine Straftat. Selbst wenn man um eine Gefängnisstrafe herumkommt, kann das Bankkonto gesperrt werden und die Kreditwürdigkeit für Jahre im Eimer sein.

Jenny überwies das Geld also. Aber es gab kein »sicheres Konto« – sie hatte ihre gesamten Ersparnisse Kriminellen überlassen. Sie musste jahrelang kämpfen, um ihr Geld wiederzubekommen.

Die Lektion, die man hieraus mitnehmen kann: Wachsam sein lohnt sich. Wenn Sie durch Tricks dazu gebracht werden, Ihr Geld online an Ihre vermeintliche Bank, die Steuerbehörde, eine Investmentfirma oder eine Airbnb-Unterkunft zu überweisen, die Sie viel günstiger bekommen, wenn Sie sofort die gesamte Summe bezahlen, sind Sie nicht automatisch berechtigt, Ihr Geld zurückzuerhalten.

Sie müssen beweisen, dass Sie genug getan haben, um den Betrugsversuch zu stoppen, wie beispielsweise, dass Sie die Warnungen, die Banking-Apps zeigen, wenn Sie Geld überweisen wollen, registriert haben. Hat Ihre Bank das untersucht, kann sie entweder zu dem Schluss kommen, dass Sie ein »unschuldiges Opfer« waren, und Ihnen den Betrag in voller Höhe erstatten. Oder sie kann entscheiden, dass Sie »teilweise mitverantwortlich« waren, und Ihnen nur einen Teil des Geldes zurückgeben – oder auch gar nichts.

In allen Fällen haben Verbraucher*innen das Recht, (kostenlos) zu einer Schlichtungsstelle zu gehen, einer unabhängigen Institution, die verbraucherrechtliche Streitigkeiten abschließend entscheiden kann. Derzeit gehen ungefähr drei Viertel aller Verfahren dort zugunsten der Verbraucher*innen aus, und die Banken müssen den Opfern das Geld zurückzahlen – aus meiner Sicht ein klares Zeichen dafür, dass das System nicht verbraucherunfreundlich ist.

Vielleicht denken Sie nun: »Ich wäre nicht darauf reingefallen!« Aber die Anzahl derjenigen, denen genau das passiert, steigt von Jahr zu Jahr, und die Methoden der Kriminellen werden immer raffinierter.

Online-Betrug nimmt massiv zu, doch nur wenige Opfer wollen sich dazu äußern. Man vermutet auch, dass ein großer Anteil der Fälle gar nicht angezeigt wird. Wir schämen uns und fühlen uns dumm, weil wir uns haben hereinlegen lassen. Wir neigen dazu, uns selbst die Schuld zu geben, statt andere zu warnen, nicht dieselben Fehler zu machen. Das hilft jedoch außer den Betrüger*innen niemandem!

SEIEN SIE WACHSAM – SO SCHÜTZEN SIE SICH

In einer aktuellen Studie wurde festgestellt, dass Menschen, die »nett« sind, eher Betrugsopfer werden (traurig, aber wahr!).

Sie glauben, man hat einen Betrugsversuch bei Ihnen unternommen? Verzichten Sie auf Höflichkeit, legen Sie auf und wählen Sie die Notfallhotline Ihrer Bank, um mit der für Betrug zuständigen Abteilung zu sprechen.

Auf Webseiten wie verbraucherzentrale.de werden die gängigsten Betrugsarten aufgelistet.

Bewahren Sie Ihre Bankkarten nicht zusammen mit Ihrem Smartphone auf. Googeln Sie den Fall von Charlotte Morgan, einer BBC-Journalistin, der das Handy gestohlen wurde. Die Kriminellen verwendeten ihre SIM und ihre Bankkarte, um sich in ihr Online-Bankkonto zu hacken – ein Risiko, von dem ich vorher nicht einmal gewusst hatte.

Erwägen Sie, einen Online-Passwortmanager zu nutzen, um Ihre Passwörter sicher zu verwahren und zu schützen. (Ich bezahle für LastPass und halte das für eine kluge Investition.)

Sperren Sie Ihre Social-Media-Accounts mit einem Passwort und richten Sie eine »Zwei-Faktor-Authentifizierung« ein, um Hacks zu vermeiden. Ja, das nervt, aber stellen Sie sich vor, wie schlecht Sie sich fühlen würden, wenn jemand, den Sie kennen, Opfer von Kriminellen würde, die vorgeben, Sie zu sein.

Wenn Sie in Kryptowährungen investiert haben, verwenden Sie ein sicheres Wallet (auf der Website von Investopedia finden Sie einige sehr gute kostenlose Artikel dazu, warum Sie das tun sollten, plus Bewertungen der besten Optionen).

Ich hoffe, ich konnte Ihnen zeigen, dass es sich lohnt, wachsam zu sein, was die verschiedenen Abkürzungen zu Wohlstand angeht, wie Sie eine Methode, zu Geld zu kommen, sorgfältig prüfen und wie Sie sich vor Betrug schützen können.

Als Nächstes schauen wir uns Investitionen als langfristige Routine an statt als kurzfristiges Glücksspiel. Zugegeben, das ist weniger aufregend, aber wenn Sie erfahren möchten, wie Sie »langsam reich werden«, lesen Sie weiter.

7

Langsam reicher werden: Ihr Kapital für die Zukunft

In diesem Kapitel werden wir uns Kapitalanlagen aus einer anderen Perspektive nähern. Sie haben gesehen, dass der Ansatz »über Nacht reich werden«, also praktisch durch Glücksspiel große Gewinne zu machen, mit großer Wahrscheinlichkeit eher dazu führen wird, dass Sie über Nacht alles verlieren. Was also ist die weniger riskante Alternative?

Langsam reicher werden.

Es ist natürlich nicht so aufregend und dauert viel länger. Aber das sind keine Gründe dagegen.

Das Beste daran, langsam reicher zu werden?

- Sie brauchen nicht viel Geld, um anzufangen.
- Je jünger Sie sind, desto besser.
- Sie benötigen nicht viel Expertise.
- Sie müssen nicht ständig obsessiv Ihre Investments überprüfen, sondern bedienen sich der wunderbaren Gewohnheit der Automatisierung und können im Schlaf investieren.
- Ich werde Ihnen zeigen, dass »wenig, aber häufig« zu investieren mit der Zeit zu großen Gewinnen führen kann.

Keine Geldanlage ist jedoch ganz risikofrei. Sie müssen eine informierte Entscheidung treffen, ob Investieren das Richtige für Sie ist. Und Sie müssen bereit sein, für längere Zeit auf das angelegte Geld zu verzichten.

Investitionen sind unser »langfristiges Geld«, das wir für Jahrzehnte nicht ausgeben werden. Bevor Sie sich dort übereilt hineinstürzen, müssen Sie sichergehen, dass Ihre finanzielle Grundlage stabil ist. Bei der sechsten meiner »sieben Supergewohnheiten« – der Erstellung des eigenen Finanzplans – geht es darum, wie Sie am besten Prioritäten setzen.

Ich werde Ihnen eine wirksame Methode zeigen, wie Sie Ihre Finanzen mit »kostenlosem Geld« von Ihrem Arbeitgeber – ja, wirklich! – aufstocken können. Außerdem erkläre ich die »Wunderwaffe« Zinseszins – wohl das Wichtigste über Geld, das Sie in diesem Buch lernen.

Sie wollen mehr wissen? Gut, dann fahren wir auf die rechte Spur und tuckern wir Richtung Geldanlage …

 GEWOHNHEIT NUMMER SECHS:
Erstellen Sie Ihren eigenen Finanzplan

Ich weiß, dass die Yolos unter Ihnen gleich loslegen und investieren wollen – die Tabellentiere dagegen wissen, dass wir vorher in unserer Finanzplanung einige andere Dinge berücksichtigen müssen.

Oberste Priorität sollte ein Plan zur Tilgung teurer Kurzkredite wie Kontoüberziehungen oder Kreditkartenschulden haben. Zahlen teure Tinas 20 oder 40 Prozent Jahreszinsen auf ihre Schulden, sparen sie wesentlich mehr, indem sie diese tilgen, als sie durch das Wachstum ihrer Investments oder die Zinsen auf ihr Erspartes einnehmen.

Auch wenn Sie Schulden auf Null-Prozent-Kreditkarten oder aus »Jetzt kaufen, später zahlen«-Deals haben, wo keine Zinsen fällig werden, gilt diese Regel. Zahlen Sie diese Schulden nicht zurück, vermehren sie sich immer weiter. Die Rückzahlungen in Höhe des Mindestbetrags fressen ein zunehmend großes Loch in Ihr Budget und die Kosten für die Refinanzierung Ihrer Schulden steigen. Sollte es zu einer Einkommensminderung kommen, können hohe Schulden schnell unerschwinglich werden.

Zweite Priorität ist Geld, das Sie zurücklegen, um nachts ruhig schlafen zu können – der Notgroschen. Klingt langweilig, verleiht Ihnen aber finanzielle Widerstandskraft: die Fähigkeit, zukünftige Geldprobleme weitgehend unbeschadet zu überstehen. Dies verringert finanzielle Ängste dramatisch (freuen Sie sich, liebe Nervenbündel).

Als Daumenregel empfehlen Finanzexpert*innen Rücklagen in Höhe Ihrer Lebensunterhaltskosten für drei Monate. Doch selbst wenn es Ihnen nur gelingt, Geld für einen Monat beiseitezulegen, sind Sie schon besser dabei als 24 Millionen Menschen in Deutschland, die überhaupt keine Ersparnisse haben. Dieses Geld ist ein Polster für Notfälle und verhindert, dass Sie Schulden machen müssen. Wie wir aus Kapitel 4 wissen, ist es teuer und langwierig, sich aus Schulden herauszuarbeiten. Auch hier gilt: Vorbeugen ist definitiv besser als Heilen!

Dritte Priorität hat das Sparen und Investieren für die Zukunft. Dabei finden Sie eine Balance zwischen diesen mittel- und langfristigen finanziellen Zielen:

Leicht zugängliche Ersparnisse für die kommenden 1 bis 5 Jahre

Erinnern Sie sich an die Ziele aus Kapitel 5? Denken Sie an die Sparkategorien, in die Sie automatisiert jeden Monat einzahlen wollen: Urlaubsrücklagen, Geld für die Familiengründung oder die Anzahlung für eine Immobilie sind hierfür gute Beispiele; für Menschen, die bereits eine Immobilie besitzen, könnten beispielsweise regelmäßige Sondertilgungen der Hypothek attraktiv sein. Lesen Sie in Kapitel 5 noch einmal die Details dazu nach.

Maximale Nutzung Ihrer vermögenswirksamen Leistungen

Monatlich eine geringe Summe in ein Sparziel Ihrer Wahl einzuzahlen, ist eine unterschätzte Anlageoption und eine einfache, automatisierte Methode, um den »Zukunftsfonds« wachsen zu lassen. Das kann Sie sogar weniger kosten, als Sie glauben. Der einzige Nachteil dabei ist, dass Sie in der Regel erst nach einer gewissen Zeit an das Geld herankommen. Dafür erhalten Sie viele Zusatzleistungen.

Eine Bemerkung zum Schluss: Keine Sorge, falls die Summen, die Sie in Ihre langfristigen Rücklagen stecken können, anfangs sehr klein sind. Sich anzugewöhnen, überhaupt etwas beiseitezulegen, ist das Wichtige. Mit der Zeit summieren sich auch geringe Beträge. Und wenn sich Ihre finanzielle Situation verbessert, können Sie Ihren Plan überarbeiten und die monatliche Sparrate erhöhen.

Warum sollte ich investieren?

Ich habe Ihnen einen Vorgeschmack auf die verschiedenen Wege gegeben, wie Sie »langsam reicher werden« können. Bevor wir uns im Detail anschauen, wie, möchte ich, dass Sie überlegen, warum Sie das tun sollten.

Wir müssen einen Teil des Geldes, das wir einnehmen, sparen, damit wir etwas für die Jahre haben, in denen wir nicht mehr in der Lage sind, zu arbeiten und Geld zu verdienen. Das Problem am Sparen über einen längeren Zeitraum ist, dass die Inflation die Kaufkraft unseres Geldes senkt (schauen Sie zur Erinnerung auf Seite 54 nach, was ich dort über steigende Preise geschrieben habe).

- Sagen wir, ich hätte 1980 50 Euro unter die Matratze gesteckt.
- Mit den Jahren hat die Inflation die Kaufkraft dieses Geld verringert.
- 2022 hätte ich daher für etwas, das ich 1980 für meinen Fünfziger bekommen hätte, 191 Euro auf den Tisch legen müssen!

Die Lektion? Wir müssen zumindest ein wenig riskieren, damit unser Geld mit der Inflation Schritt halten kann.

Früher war der beste Weg, das zu tun, in Unternehmen zu investieren, die an der Börse notiert waren. Hätte ich 1980 meine 50 Euro an US-Börsen angelegt, wären sie heute effektiv, also inflationsbereinigt, 500 Euro wert.

Die vergangenen 40 Jahre waren eine unglaubliche Zeit für Investoren und Investorinnen. Es gibt jedoch keine Garantien dafür, dass der Aktienmarkt in den kommenden 40 Jahren gleichermaßen wachsen wird. Falls Sie jetzt denken: »Äh, was für ein Markt?«, ganz ruhig, dazu kommen wir später noch.

Mit den steigenden Lebenshaltungskosten wird es schwieriger für Investor*innen, die Inflation zu übertreffen. Dennoch ist es langfristig gesehen nach wie vor die beste Option, Ihr Geld zu vermehren. Auf kurze Sicht besteht die Gefahr, dass der Wert Ihres angelegten Geldes sinkt. Lassen Sie es jedoch zehn Jahre oder länger investiert, ist, wie Studien gezeigt haben, der Börsenkurs nahezu immer wieder gestiegen.

»Wenn Sie gerade erst mit dem Investieren beginnen, können sich diese Aufs und Abs unangenehm anfühlen, ein wenig wie bei unruhigem Wellengang seekrank zu werden«, sagt Damien Fahy, Gründer der Website *Money to the Masses*. »Die Lösung ist dieselbe wie bei der Seefahrt: Konzentrieren Sie sich auf den Horizont, was im Fall der Anlage in Aktien ein Zeitpunkt in relativ ferner Zukunft ist. Bald werden Sie merken, dass das Auf und Ab ein ganz natürlicher Teil des Investierens ist und dass der Sturm vorüberziehen wird.«

Nicht zu investieren, kommt einem vielleicht sicherer vor, aber das größere Risiko ist, dass die Inflation die Kaufkraft unseres Geldes frisst. Als erklärter Goblin habe ich diese Lektion auf die teure Art gelernt: Ich hortete Geld auf Sparkonten, ohne wirklich darüber nachzudenken, was ich damit anfangen wollte. Deshalb ist ein Finanzplan so wichtig. Zu wissen, wie viel Geld wir heute benötigen, erleichtert es, das Risiko zu akzeptieren, das damit verbunden ist, etwas in Morgen zu investieren.

Falls Sie beispielsweise im Lockdown schlechte Erfahrungen mit dem Daytrading gemacht und Geld verloren haben, sind Sie dem Aktienmarkt gegenüber vielleicht misstrauisch geworden. Doch haben Sie erst einmal einen Notgroschen aufgebaut, reduzieren Sie mit meinen sechs »goldenen Regeln« zur Geldanlage die Gefahr einer Bauchlandung:

1. **Diversifizieren Sie,** teilen Sie also Ihr Geld auf ganz unterschiedliche Unternehmen und Assetklassen auf, statt Ihr

gesamtes Vermögen auf ein paar Aktien von Firmen wie Tesla, Apple oder GameStop zu setzen.

2. **Lassen Sie Ihr Geld lange investiert,** um die Höhen und Tiefen aussitzen zu können, statt zu versuchen, mit Kaufen und Verkaufen Geld zu machen. Zahllose Studien haben gezeigt, dass es sinnvoller ist, sein Geld längerfristig zu investieren, als zu versuchen, den richtigen Zeitpunkt für Kauf und Verkauf zu finden. Vielleicht haben Sie mit ein paar Trades Glück, aber niemand, nicht einmal professionelle Fondsmanager*innen, können jedes Mal richtigliegen. Ständiges Hin und Her kostet Zeit und Geld!

3. **Investieren Sie konstant über einen längeren Zeitraum** – selbst wenn Sie jeden Monat nur eine geringe Summe in Ihre Anlagen stecken, vermehren Sie Ihr Geld dadurch effektiver.

4. **Reduzieren Sie die Steuerlast für Ihre Investments so weit wie möglich.** Ich erkläre Ihnen, wie Sie zu Beginn, wenn Sie das Geld einzahlen, Steuern sparen können, während Ihre Investitionen wachsen, und wenn Sie es schließlich abheben, um es auszugeben.

5. **Machen Sie das Beste aus dem »kostenlosen Geld«,** mit dem Ihr Arbeitgeber Ihre Zukunftsfonds aufstockt. Das ist die einfachste Möglichkeit, Ihre Einnahmen im Laufe der Zeit zu erhöhen.

6. **Achten Sie auf niedrige Kosten** im Zusammenhang mit Ihren Geldanlagen.

Ich hoffe, inzwischen verstehen Sie, dass die »Langsam reicher werden«-Anlagestrategie etwas ganz anderes ist als der »Zocken und Hoffen«-Ansatz, den wir uns im letzten Kapitel angeschaut haben! Dennoch ist es angesichts der Lebenshaltungskosten eine Herausforderung, jahrzehntelang nicht auf Geld zugreifen zu können.

»Die Leute betrachten Sparen und Investieren als Opfer, aber das ist es nicht«, sagt Iona Bain, die TV-Finanzexpertin und Gründerin des Blogs *Young Money*. »Es bedeutet, dafür zu sorgen, dass Sie auch in Zukunft Dinge bezahlen können. Alles in unserer Konsumkultur fordert uns auf, Geld auszugeben, um hier und heute glücklich zu sein. An dieser Stelle müssen wir umdenken. Wenn Sie Geld anlegen, ermöglichen Sie Ihrem Geld, sich zu vervielfachen, sodass Sie später mehr Optionen haben.«

Für mich sind meine langfristigen Investitionen mein »Zukunftsfonds«. Möglicherweise fällt es Ihnen schwer, sich selbst im Alter von 60 oder 70 Jahren vorzustellen, doch je früher Sie damit beginnen, »langsam reicher« zu werden, desto mehr Zeit haben Sie, um die Mittel anzusammeln, die Sie zum Leben benötigen werden, wenn Sie – freiwillig oder gezwungenermaßen – nicht mehr arbeiten. Der Grund dafür ist der Zinseszins. Klingt lahm, ist aber, wie Sie gleich feststellen werden, alles andere als das!

Zinseszins – Der Schlüssel, um »langsam reicher zu werden«

Zinseszins ist die Wunderwaffe, um im Laufe der Zeit Ihren Wohlstand zu erhöhen.

In Kapitel 4 haben wir erforscht, wie der Zinseszins gegen uns arbeiten kann, wenn wir Zinsen auf Kreditkartenschulden zahlen. Nun ist es an der Zeit, zu sehen, wie wir ihn zu unseren Gunsten nutzen können!

Um zu verstehen, wie das funktioniert, beginnen wir mit dem einfachen Sparen, einem Konzept, das uns allen vertraut sein dürfte.

Sagen wir, Sie zahlen 100 Euro auf ein Sparkonto ein und erhalten darauf jährlich 3 Prozent Zinsen. Nach einem Jahr hätten Sie 103 Euro (die ursprünglichen 100 Euro plus 3 Euro Zinsen). Wenn Ihre Ersparnisse anwachsen, bekommen Sie nicht nur Zinsen auf die 100 Euro, die Sie anfangs eingezahlt haben, sondern auch auf die bereits erhaltenen Zinsen.

Sie können sich das ganz leicht veranschaulichen, indem Sie sich einen Schneeball auf einer Bergspitze vorstellen. Während der Schneeball den Berg hinunterrollt, wird er immer dicker. Kommt er unten an, ist er groß genug, um eine Ziege plattzumachen!

Bezogen auf Zahlen heißt das, Ihre 100 Euro könnten sich zum Beispiel folgendermaßen vermehren:

Nach einem Jahr	103,00 Euro	(Sie haben 3 Euro Zinsen erhalten)
Nach zwei Jahren	106,09 Euro	(Sie haben weitere 3,09 Euro Zinsen erhalten)
Nach drei Jahren	109,27 Euro	(Sie haben weitere 3,18 Euro Zinsen erhalten)

Langsam, aber sicher steigt der Zinsbetrag, den Sie erhalten – und das alles ausgehend von den anfänglichen 100 Euro.

Es mag Ihnen wenig erscheinen, mit der Zeit summiert es sich jedoch – der Zinseszinseffekt tritt ein.

Nach 15 Jahren hätten Ihre 100 Euro einen Wert von 155,80 Euro und nach 40 Jahren 326,20 Euro – mehr als dreimal die ursprünglich eingezahlte Summe!

Beeindruckend – aber nicht genug, um mit der Inflation – den steigenden Preisen – Schritt zu halten.

Nachdem die Zinsen auf Sparkontoeinlagen in den vergangenen 15 Jahren eher im niedrigen Bereich herumgedümpelt sind, sind sie 2022 allmählich wieder nach oben geklettert. Dennoch waren sie niedriger als die Inflationsrate. Wie dem auch sei, es ist besser, 3 Prozent Zinsen auf die eigenen Ersparnisse zu bekommen, als null Prozent. Trotzdem liegen zum Beispiel in Großbritannien unglaubliche 260 Milliarden Pfund auf Konten herum, bei denen die Zinsquote eine dicke, fette Null ist. Es ist wirklich einfach, sein Geld von einem Sparkonto auf ein anderes zu transferieren, also suchen Sie nach einem mit optimalen Konditionen. Websites wie verivox.de listen die besten Angebote auf.

Schauen wir uns als Nächstes das Konzept des Zinseszinses bei Investitionen an der Börse an.

Wenn wir am Aktienmarkt investieren, kann sich unser Geld auf zwei Arten vermehren. Erstens durch den Kapitalzuwachs unserer Anlagen, also der Differenz zwischen dem Preis, den wir für unsere Anteile gezahlt haben, und dem, zu dem wir sie hoffentlich irgendwann verkaufen. Zweitens durch die Dividenden, die wir auf unsere Aktien erhalten. Manche (jedoch nicht alle) Unternehmen schütten jährlich Dividenden an ihre Anleger*innen aus, also Teile des Unternehmensgewinns. Diese Dividenden könnten Sie ausgeben oder reinvestieren, sprich, das Geld, das Ihre Anlagen abwerfen, nutzen, um mehr Wertpapiere zu kaufen (dadurch wächst Ihr Schneeball viel schneller!).

Dieses Wachstum bezeichnet man als die »Gesamtrendite« auf Ihre Investments.

In manchen Jahren fallen alle Kurse am Aktienmarkt, historisch haben sich die Märkte im Laufe der Zeit jedoch nahezu immer wieder erholt. Außerdem können die Einnahmen aus Dividenden helfen, über Tiefs hinwegzukommen. Gehen wir einmal angesichts der Wertentwicklungen der Börse in der Vergangenheit und unter Berücksichtigung der heutigen herausfordernden Konditionen von einer Wachstumsrate von 7 Prozent auf Aktieninvestitionen aus.

Fangen wir wieder mit 100 Euro an.

Nachdem sie 15 Jahren angelegt waren, könnten sie 275 Euro wert sein.

Nachdem sie 40 Jahre investiert waren, könnten Sie einen Ziegen-Killer-Schneeball im Wert von 1500 Euro haben! Natürlich reduziert die Inflation in diesen 40 Jahren die Kaufkraft Ihres Geldes. Verglichen mit der langfristigen Performance von Rücklagen auf Sparkonten lohnt es sich jedoch mit sehr hoher Wahrscheinlichkeit dennoch, zu investieren. Im Übrigen haben wir zu den ursprünglichen 100 Euro nichts weiter hinzugefügt.

Die meisten sind jedoch in der Lage, ein wenig Geld zu dem den Hügel hinunterrollenden Schneeball hinzuzuschießen. Welchen Unterschied das machen könnte? Die kurze Antwort: einen RIESIGEN (wir gehen wieder von einem durchschnittlichen Wachstum von jährlich 7 Prozent aus).

Nach 15 Jahren könnte der Wert meiner Investments auf mehr als 31 000 Euro angewachsen sein.

Nach 40 Jahren könnten es beeindruckende 250 000 Euro sein.

Die Gesamtsumme, die ich investiert habe, beträgt 48 000 Euro. Nach vier Jahrzehnten könnte dies dank des Zinseszinseffekts eine Rendite von über 200 000 Euro generiert haben – praktisch eine Geldlawine!

Wie Sie sehen, ist das mächtigste Mittel, über das Anleger und Anlegerinnen verfügen, Zeit.

Damien ist ein großer Fan der »70er-Regel«, eine noch einfachere Art und Weise, die Magie des Zinseszinses zu verstehen.

»Sie können errechnen, wie lang es dauern würde, Ihr Geld zu verdoppeln, indem Sie die Zahl 70 durch die durchschnittliche jährliche Rendite teilen. Bei einem Wachstum von 7 Prozent würde das bedeuten, dass Sie Ihr Geld alle zehn Jahre verdoppeln«, erklärt er.

Die große Unbekannte ist natürlich, was in der Zukunft an der Börse geschieht. Die Grundlage für meine Annahme, die Wachstumsrate sei 7 Prozent, ist die Equity Gilt Study von Barclays, eine der am längsten laufenden Studien über die Entwicklungen des Aktienmarktes sowie über prognostizierte Wachstumsraten, von denen verschiedene Finanzinstitutionen ausgehen.

Doch selbst wenn das zukünftige Wachstum bei konservativer geschätzten 5 Prozent läge, würden Sie Ihr Geld innerhalb von 14 Jahren verdoppeln und hätten am Ende 150 000 Euro raus. Deshalb ist es so wichtig, früh anzufangen, mit Investitionen für das Alter vorzusorgen. Selbst wenn Sie es sich nur leisten können, kleine Beträge anzulegen, kann sich dieses Geld durch schneeballartiges Wachstum über die Jahrzehnte vermehren – genau das meine ich mit »langsam reicher werden«.

Zu Beginn Ihres Arbeitslebens stehen Sie auf der Spitze des Berges. Jeder kleine Schneeball, den Sie ins Rollen bringen können, hat viel Zeit, bis er unten ankommt. Währenddessen sammelt er Schneemasse (und es kann 40 oder 50 Jahre dauern, bis er am Boden des Berges ankommt und Sie sich in Ihrer Blockhütte zur Ruhe setzen).

Doch sagen wir, Sie beginnen erst im Alter von 40 Jahren zu investieren, wenn Sie den Berg schon halb hinabgestiegen sind. Um am Ende Schneebälle in derselben Größe zu erhalten, müssten Sie nun wesentlich höhere Summen investieren, weil Ihr Geld weniger Zeit hat, sich zu vermehren, bevor Sie es benötigen.

Vermögenswirksame Leistungen

Vermögenswirksame Leistungen, auch VL, oder von mir »kostenloses Geld« genannt, bieten Ihnen eine attraktive Möglichkeit, mithilfe Ihres Arbeitgebers, sozusagen nebenbei, Vermögen aufzubauen. Die vermögenswirksamen Leistungen sind ausschließlich an bestimmte Zwecke gekoppelt und werden nicht als zusätzliches Gehalt ausgezahlt. Die monatliche Höhe dieser freiwilligen Leistungen liegt dabei oft zwischen 6 und 40 Euro. Viele, insbesondere größere Firmen bieten diese Form der Sonderzahlung an. Sind Sie sich nicht sicher, sollten Sie sich unbedingt darüber bei Ihrer Personalabteilung informieren.

Die beste Anlageform hängt von Ihrer Wohnsituation, dem zu versteuernden Einkommen und der eigenen Risikobereitschaft ab. Es gibt vier Varianten, wie die vermögenswirksamen Leistungen genutzt werden können:

1. die Tilgung einer bestehenden Baufinanzierung
2. ein Bausparvertrag
3. ein VL-Fondssparplan
4. ein VL-Banksparplan

Die Verträge haben in der Regel eine feste Laufzeit von sieben Jahren, wobei in den ersten sechs Jahren eingezahlt wird und das siebte Jahr als Ruhejahr gilt. Nach Ablauf dieser Zeit können Sie frei über das angesammelte Geld verfügen. Umso länger Sie diese Form des Sparens nutzen, umso größer wird natürlich der magische Zinseszinseffekt.

Es gibt keinen Höchstbetrag für vermögenswirksame Leistungen, obwohl fälschlicherweise gerne angenommen wird, dass 40 Euro die Obergrenze darstellen. Falls Ihr Arbeitgeber nur geringe VL leistet, können Sie die Beiträge aus Ihrer eigenen Tasche erhöhen, um eine mögliche staatliche Förderung optimal zu nutzen. Vermögenswirksame Leistungen werden zwar auf den Bruttolohn angerechnet und versteuert, der volle Betrag wird jedoch auf Ihr VL-Sparkonto überwiesen. Wenn Sie eine betriebliche Altersvorsorge haben, können Sie Ihren Arbeitgeber bitten, die VL dort einzuzahlen, um Steuern und Sozialabgaben innerhalb der geltenden Grenzen zu sparen.

Mit einem Gehalt unter 40 000 Euro im Jahr können Sie staatliche Zuschüsse beantragen. Für einen Bausparvertrag können Sie bis zu 9 Prozent (auf maximal 470 Euro jährlich), für einen Fondssparplan sogar 20 Prozent, also 80 Euro (auf maximal 400 € jährlich), vom Staat erhalten.

Weitere nützliche Informationen hierzu finden Sie auf www.finanztip.de.

Wie viel sollte mein »Zukunftsfonds« enthalten?

Dies sind Fidelity zufolge angemessene Größen eines »Zukunftsfonds«, den man im Laufe seines Arbeitslebens anlegen sollte, um einen vergleichbaren Lebensstandard im Rentenalter zu halten.

Im Alter von	30	40	50	60	67
sollten Sie gespart haben ...	1 Jahresgehalt	3 Jahresgehälter	6 Jahresgehälter	8 Jahresgehälter	10 Jahresgehälter

Quelle: *Fidelity*

Die Angaben beziehen sich auf das Gehalt, das Sie jeweils in dem Alter verdienen. Sind es mit 30 Jahren 30 000 Euro, haben Sie idealerweise bereits 30 000 Euro allein für die Rente beiseitegelegt und investiert, damit sich das Geld vermehren kann. Mir ist bewusst, dass diese Summen ziemlich hoch sind und Ihnen möglicherweise unerreichbar vorkommen, auch wenn »kostenloses Geld« aus den vermögenswirksamen Leistungen Ihre Rücklagen erheblich aufstocken könnte.

Lassen Sie sich von dieser Tabelle nicht abschrecken. Denken Sie an den Berg: Jegliche Summe, die Sie investieren können, wenn Sie jung sind, sei sie auch noch so klein, hat viel Zeit, zu wachsen, sodass der Zinseszinseffekt wirken kann.

Ihnen ist vielleicht auch aufgefallen, dass ich statt von »Rücklagen für die Rente« von einem »Zukunftsfonds« spreche. Ich bin der Meinung, wir sollten das Konzept der »Rente«, wie unsere Eltern und Großeltern sie kannten, in Rente schicken. Heutzutage sind die Renten wesentlich schmaler als früher einmal. Den jüngeren Generationen wird dies vermutlich erst klar, wenn sie selbst ins Pensionsalter kommen.

Die Lebenserwartung steigt, und immer mehr Menschen planen, mit 60, 70 Jahren in Teilzeit zu arbeiten, statt ganz in den Ruhestand zu gehen. Außerdem müssen wir ein Gleichgewicht dazwischen finden, für die Zukunft zu sparen und unser Leben zu genießen. Selbst wenn Ihnen die oben empfohlenen Summen utopisch erscheinen, haben Sie in der Zukunft mehr Möglichkeiten, wenn Sie heute etwas auf die hohe Kante legen, als wenn Sie gar nichts sparen.

Die Idee, »langsam reicher« zu werden, unterscheidet sich fundamental von dem Glücksspiel des »Reichwerdens über Nacht«. Quälen Sie sich jedoch nicht, falls Sie Geld verloren haben. Investieren lernen wir, indem wir es tun, und wir alle machen Fehler. Das Entscheidende ist, dass Sie Ihre Lektionen daraus ziehen und nach vorn blicken.

Wie manch andere Teile des Buches ist der folgende Part möglicherweise eher für Ihr »zukünftiges Ich« nützlich. Vielleicht sind Sie noch nicht so weit, Geld in Aktien anlegen zu können, und das ist völlig in Ordnung. Mit den nächsten Abschnitten sind Sie jedoch vorbereitet, wenn es so weit ist. Außerdem können Sie bereits mit 25 Euro oder weniger beginnen. Wir schauen uns also einfache Wege, anzufangen, und Ihre Optionen an – selbst wenn Sie keine Ahnung von Aktien haben.

Kommen wir nun von der Theorie zur Praxis.

Was ist der Aktienmarkt?

Wenn Sie an einen Markt denken, stellen Sie sich wahrscheinlich einen Ort vor, an dem Käufer und Verkäufer zusammenkommen, um zu handeln. Der Aktienmarkt (oder die Börse) ist nichts anderes, bloß dass hier mit Wertpapieren gehandelt wird, kleinen Anteilen an großen Firmen. Man nennt sie auch »Beteiligungen«.

Denken Sie also statt an Äpfel an Apple!

Wenn wir Unternehmensbeteiligungen erwerben, kaufen wir ein Stück an ihrer zukünftigen wirtschaftlichen Entwicklung. Das Unternehmen verwendet das von uns investierte Geld, um zu wachsen und seine Geschäfte auszuweiten, und wenn es dies erfolgreich tut, sollte der Wert seiner Aktien ebenfalls steigen.

Investoren und Investorinnen können außerdem durch die Ausschüttung von Dividenden zusätzlich Geld zurückerhalten. Das sind Teile des Unternehmensgewinns, und es ähnelt ein klein wenig den Zinsen, die wir für unser angelegtes Geld bekommen. Diese Dividenden könnten Sie ausgeben oder reinvestieren, indem Sie damit mehr Aktien kaufen (auf Handelsplattformen können Sie ein Häkchen setzen, um das zu automatisieren).

Verschiedene Länder haben unterschiedliche Börsenindizes. In Großbritannien haben wir beispielsweise den FTSE 100, einen Index, der die 100 größten britischen Unternehmen abbildet. In Deutschland gibt der DAX den aktuellen Status der 30 größten heimischen Unternehmen an. In den USA enthält der S&P 500 die 500 größten amerikanischen Unternehmen, darunter Apple, Amazon, Netflix und viele weitere.

Es ist möglich, Beteiligungen von Einzelunternehmen zu erwerben, aber falls Sie schon einmal eine Trading-App genutzt haben, wissen Sie, dass dies eine relativ riskante Anlageart ist: Die Werte von Einzelaktien können ganz schön auf und ab gehen. Die Auswahl der einzelnen Positionen und die Bestimmung des Verkaufszeitpunkts erfordern Expertise und nehmen viel Zeit in Anspruch. Das bedeutet jedoch auf keinen Fall, dass Investieren an der Börse nichts für Sie ist!

Etwas, von dem Sie weiter hinten noch lesen werden, sind Indexfonds – eine günstige und einfache Möglichkeit für

Investoren und Investorinnen wie Sie und ich, das Risiko zu verteilen, indem wir winzige Anteile an Hunderten oder Tausenden unterschiedlicher Unternehmen kaufen, die in einem bestimmten Aktienindex gelistet sind.

Vergessen Sie nicht, dass Sie sich das Wachstumspotenzial verschiedener Aktienmärkte weltweit zunutze machen, wenn Sie in einen Pensionsfonds investieren. Ihr Rentenanbieter kann diese Anlagen in Ihrem Namen auswählen – Investor*in zu werden, kann also viel einfacher sein, als Sie vielleicht gedacht hätten.

Wie viel Wachstum Sie generieren können, hängt auch von Ihrer Risikobereitschaft ab. Investieren Sie an der Börse, sind die Wachstumschancen am höchsten, aber die Kurse können stark schwanken, und Investor*innen müssen lernen, mit ihren Emotionen umzugehen, und entscheiden, bei wie viel Risiko sie sich wohlfühlen.

Als Yolo fällt es Ihnen möglicherweise leicht, große Risiken einzugehen, während ein Nervenbündel in Panik geraten könnte, wenn es sieht, wie der Wert seiner Anlagen sinkt, und das Geld lieber aus dem Markt herausnehmen möchte. Ein Goblin könnte so viel Angst davor haben, Geld zu verlieren, dass er lieber nur Barrücklagen bildet, wobei in diesem Fall die Inflation an seinem Geld nagt (jap, ich bekenne mich schuldig!).

Sie können Aktien mit anderen Anlageklassen (oder auch Assets, was bloß ein fancy Wort für Dinge ist, in die wir investieren können) mit einer anderen Performance mischen.

Anleihen (oder Bonds) sind von Unternehmen (Unternehmensanleihen) oder von Regierungen (Staatsanleihen) ausgegebene Schuldverschreibungen. Investor*innen kaufen einen Teil der Schulden, die sie über einen bestimmten Zeitraum zurückgezahlt bekommen, und erhalten bis zur Tilgung der Schuld Zinsen. Anleihen bieten einen viel verlässlicheren Geldstrom als Aktien, dafür sind jedoch auch die Renditen viel niedriger.

Spezialisierte Investmentfonds konzentrieren sich auf andere Anlageklassen wie Rohstoffe, die gekauft und verkauft werden können, beispielsweise Öl, Gas, Metalle und sogar Grundnahrungsmittel wie Weizen, außerdem Immobilien und große Infrastrukturprojekte.

Wenn Sie Ihr Portfolio diversifizieren, indem Sie anstelle von Aktien in Anleihen investieren, reduziert sich das Risiko eines Geldverlustes. Allerdings ist auch die zu erwartende durchschnittliche Wachstumsrate Ihrer Investition geringer. Für ein besseres Verständnis empfiehlt es sich, den Abschnitt über den Zinseszinseffekt in diesem Kapitel erneut zu lesen.

Zwar ist es unwahrscheinlich, dass die unterschiedlichen Assetklassen gleichzeitig mit derselben Geschwindigkeit fallen, unmöglich ist es jedoch nicht. Im September 2022 verloren sowohl Aktien als auch Staatsanleihen an Wert – teilweise eine Konsequenz des desaströsen »Mini-Budgets«. Das ist eine wertvolle Erinnerung, dass unsere finanzielle Zukunft auch davon beeinflusst wird, was unsere Regierungen tun!

Um ein Gespür dafür zu bekommen, wie Ihre Investitionen mit der Zeit wachsen können, nutzen Sie einen Zinseszinsrechner im Internet (zum Beispiel unter www.zinsen-berechnen.de). Sie können die Prozentzahl der Wachstumsrate anpassen und sehen, was geschieht, wenn Sie die Summe, die Sie investieren, nach und nach steigern.

Tabellentiere wissen, dass sich kleine, kontinuierliche Schritte beim Anlegen auf lange Sicht wirklich auszahlen. Um sich an Ihren Plan zu halten, denken Sie an die sechs goldenen Regeln vom Anfang dieses Kapitels und bleiben Sie ruhig und rational.

Das Fertig-Portfolio

Auf zahlreichen Online-Plattformen können Sie ein bereits fertiges Anlageportfolio wählen. In der Regel füllen Sie einen Online-Fragebogen aus und tragen ein, welche Summen Sie über welchen Zeitraum investieren möchten. Außerdem geben Sie an, wie hoch das Risiko sein darf, das Sie bereit sind einzugehen. Basierend auf Ihren Antworten bietet man Ihnen dann eine Auswahl an Fonds mit Bezeichnungen wie defensiv, ausgewogen, dynamisch, wachstumsorientiert und risikoreich an.

Diese Fonds enthalten eine Mischung aus verschiedenen Geldanlagen, welche die Plattform für Sie zusammengestellt hat. Dabei wird das Risiko auf Aktien, Anleihen und andere

Assets verteilt. Sie tätigen jedoch nur eine Investition (das kann eine einmalige Summe sein, oder Sie legen einen regelmäßigen monatlichen Betrag fest, den Sie per Lastschrift von Ihrem Girokonto abbuchen lassen).

»Bequemlichkeit kostet ein wenig in Form von höheren Investmentgebühren, aber das müssen Sie für sich selbst entscheiden – wenn Sie keine Lust haben, über Ihre Anlagen nachzudenken, lohnt es sich, dafür zu bezahlen«, sagt Iona Bain.

Genau wie bei dem »Ausfallfonds« der betrieblichen Altersvorsorge müssen Sie nicht verstehen, wie die einzelnen Anlagen funktionieren. Ich rate jedoch dringend dazu, es zu versuchen. Können Sie es sich leisten, etwas Geld in die Zukunft zu stecken, lohnt es sich, auch Zeit zu investieren, um besser zu verstehen, wie sich Ihr Geld vermehren kann. Diese Art automatisierter Anlagen sind super für den Anfang, und wenn Sie mehr über das Investieren lernen, fühlen Sie sich vielleicht irgendwann sicher genug, eigene Entscheidungen zu treffen.

Investieren mit Indexfonds

Ich habe Indexfonds weiter oben als Methode erwähnt, schnell, günstig und einfach Ihr Portfolio zu diversifizieren, weil diese Hunderte oder gar Tausende Unternehmen anhand jedes beliebigen Börsenindexes abbilden.

Investieren Sie in einen Indexfonds, verfolgt dieser die Performance aller in diesem Index enthaltenen Unternehmen (diese Art von Fonds ist auch unter dem Namen ETF, Exchange Traded Fund, bekannt). Sie können sogar Indexfonds kaufen, die weltweit agieren, also verschiedenen Indizes aus aller Welt folgen, wodurch Sie Ihr Portfolio noch stärker erweitern.

Mit der Zeit wechseln die im Börsenindex gelisteten Unternehmen. Die 500 größten Unternehmen der USA sind heute ganz andere als vor 40 Jahren! Doch Menschen, die in Indexfonds investieren, müssen nichts tun, um diese Veränderungen zu beobachten – der Index passt sich automatisch an. Jedes Jahr werden neue Unternehmen aufgenommen und alte entfernt.

Während der Wert der Anteile von Einzelunternehmen ziemlich volatil sein – das heißt, große Schwankungen aufweisen – kann, ist die Gesamtperformance eines Indexfonds ein gewichteter Durchschnitt davon. Auch hier geht es auf und ab, aber weniger dramatisch.

Außerdem sind die Jahresgebühren für die passiv gemanagten Indexfonds verglichen mit anderen Arten von Investments relativ niedrig (normalerweise um die 0,2 Prozent der Anlagesumme, während es bei aktiv gemanagten Fonds etwa ein Prozent ist). Würden Sie 100 Euro investieren, wären das also 20 Cent gegenüber einem Euro.

Investieren Sie mit einem langen Horizont, wirkt es vielleicht langweilig, über Jahre ein maximal durchschnittliches

Wachstum zu erzielen, aber denken Sie an das zurück, was Sie über den Zinseszins gelernt haben – wenn Sie Ihr Geld langfristig anlegen, ist Kontinuität der Schlüssel.

Viele, die in Indexfonds investieren, gehen noch einen Schritt weiter und legen eine automatische monatliche Einzahlungssumme fest (das lässt sich ganz einfach online oder telefonisch bei Ihrem Anbieter einrichten; der Mindestbetrag liegt meist zwischen 25 und 100 Euro). Sie investieren regelmäßig, Monat für Monat, egal, was an der Börse los ist. Das gefällt entscheidungsschwachen Nervenbündeln wahrscheinlich.

Der Fachbegriff hierfür ist »Averaging«. Wenn Sie, statt eine größere Summe auf einmal zu investieren, wenig, aber häufig investieren, fangen Sie den optimalen Durchschnittskurs ein. Ist der Preis niedrig, kaufen Sie mehr Einheiten. Ist er hoch, kaufen Sie weniger. Mit der Zeit gleichen sich die Preise aus. Ein nicht »getimter« Einstieg hat zusätzlich den Vorteil, ein weniger emotionaler Ansatz zu sein.

Im Laufe der Jahre haben zahlreiche Studien festgestellt, dass die Langsam-und-kontinuierlich-Methode über einen längeren Zeitraum der des Findens des richtigen Zeitpunkts, also zu kaufen, wenn der Markt niedrig ist, und zu verkaufen, wenn er hoch ist, überlegen ist. Denn selbst das gewiefteste Investor*innengehirn wird Mühe haben, das vorherzusagen!

Der Nachteil eines Indexfonds ist, dass er nie besser als durchschnittlich performen kann – Sie werden nicht die gewaltigen Sprünge machen, wie sie möglich sind, wenn Sie das Risiko eingehen, in Einzelwerte zu investieren. Andererseits kommt es auch nicht zu Abstürzen – alles wird ausgeglichen. Einen den ganzen Index abbildenden Fonds zu kaufen, bedeutet, dass Sie keine Zeit und Mühe aufwenden müssen, um zu schauen, wer am besten performt, oder sich Gedanken darüber machen, wann Sie kaufen und wann verkaufen sollten. Alles in allem eine ganz andere Art, zu investieren!

Finanzdienstleister wie Scalable Capital oder Trade Republic bieten eine große Auswahl an Indexfonds. Sie könnten in verschiedene globale Indizes investieren, Fonds kaufen, die alles abdecken, oder eine Kombination daraus (manche sind an bestimmte Laufzeitbedingungen gekoppelt, andere enthalten eine Mischung aus Aktien und Anleihen). Sie können sie direkt auf den jeweiligen Plattformen der Anbieter kaufen. Auch hier lohnt sich vorher eine kleine Recherche, beispielsweise auf finanzen.net.

Alle Investmentplattformen verkaufen eine gewisse individuelle Auswahl an Indexfonds. Sie können dort aber auch aktiv gemanagte Fonds kaufen und mit Einzelaktien handeln.

Aktive Fonds

Online-Plattformen wie die eben oben benannten bieten eine große Bandbreite an Investments. Sie können dort nicht nur Anteile an einzelnen Unternehmen erwerben, sondern auch aktiv gemanagte Fonds, bei denen erfahrene Fonds-manager 30 bis 50 Aktien auswählen, von denen sie glauben, dass ihre Performance die des übrigen Marktes übertreffen wird.

Fonds sind tendenziell um bestimmte Themen oder geografische Regionen herum organisiert. Auf diese Weise können Sie leicht spezifische Bereiche des Aktienmarktes abdecken, an denen Sie Interesse haben. Das kann ein übergreifender gemeinsamer Nenner wie weltweit agierende Tech-Unternehmen sein oder ein speziellerer Zusammenhang, beispielsweise ausschließlich japanische Unternehmen, Biotechnologieformen oder kleine Unternehmen mit Wachstumspotenzial.

Ein großer Teil der Investmentbranche profitiert von der Annahme, dass Fondmanager »den Markt schlagen« können (also dass die Performance ihres Fonds besser sein könnte als die des Indexes), indem sie Gewinner auswählen und sehr hohe Renditen generieren. Die Plattformen und Websites der Fondsanbieter sind voll mit aalglattem Marketing und Lobpreisungen ihrer Star-Börsenprofis sowie Begründungen, weshalb Sie Ihr Geld in deren Empfehlungen stecken sollten.

Die Verwaltungsgebühren von aktiv gemanagten Fonds sind höher, aber das ist keine Garantie, dass sie Ihnen mehr Geld einbringen als ein vergleichbarer Indexfonds. Haben Sie aktive Fonds in Ihrem Portfolio, müssen Sie sich mehr darum kümmern. Die Strategien der Fondsmanager*innen mögen eine Weile funktionieren, und sie könnten tatsächlich »den Markt schlagen«. Es kommt jedoch selten vor, dass solche Fonds langfristig überdurchschnittlich performen.[13]

Doch falls Sie sich für das Investieren in Aktien interessieren, ist es eine hervorragende Übung, in der Zeitung zu lesen, was Fondsmanager sagen. Damit lernen Sie und entwickeln Ihre eigenen Instinkte. Alle Fonds sind verpflichtet, eine nach Wert geordnete Liste ihrer Top-Ten-Investments zu veröffentlichen – selbst wenn Sie nicht vorhaben, in bestimmte Fonds zu investieren, können diese eine interessante Inspirationsquelle sein.

Einige der größten Namen in der Welt der Geldanlagen sind Elon Musk, Warren Buffet, Cathie Wood und Terry Smith. Sie alle haben sehr unterschiedliche Vorstellungen davon, welche Art von Unternehmen in Zukunft die wertvollsten sein werden. Falls dieses Kapitel Ihr Interesse geweckt hat, könnten Sie sich als Spaßhausaufgabe in die verschiedenen Investmentphilosophien dieser Profis vertiefen.

Wie oft sollte ich in meine Investments schauen?

Ich persönlich schaue mir meine langfristigen Anlagen zwei- oder dreimal im Jahr an. Das liegt nicht daran, dass ich ein Vogel Strauß wäre – vielmehr hält es mich davon ab, zu viel herumzuspielen.

»Einerseits ist es super, die ganze Investmenttechnik auf dem Smartphone dabeizuhaben, andererseits kann es dadurch auch zu einfach sein, in die eigenen Anlagen einzugreifen«, stimmt Iona mir zu. Sie nutzt Online-Trading-Apps, schaltet jedoch die Benachrichtigungen aus. »Tut man das nicht, bekommt man ständig neue Anlageideen und regelmäßig Infos darüber, wie sich das eigene Portfolio entwickelt, und das kann sehr leicht süchtig machen. Es ist wie ein Zwang, ständig nachzusehen. Dadurch fühlt sich das Investieren zu sehr an wie ein Spiel, das Sie mit dem Ziel spielen, zu gewinnen«, fügt sie hinzu.

Ein weiteres Problem für Menschen, die sich ungern längerfristig festlegen, sind die Trading-Gebühren der Plattformen. Stellen Sie sicher, dass Sie die Kosten kennen, bevor Sie auf »kaufen« oder »verkaufen« klicken.

Sie können entscheiden, welche der hier vorgestellten Investmentstrategien Sie in welchem Maße verfolgen möchten. Wie Iona sagt: »Ich habe mein langfristiges Portfolio, in dem hauptsächlich Indexfonds stecken und das dem Wert nach der Hauptanteil meines Wertpapierdepots ist. Aber ich habe auch meine kurzfristigen Spielereien, das heißt, ich investiere auch in aktive Fonds und folge manchmal Empfehlungen aus der Finanzpresse für Einzelwerte, nachdem ich recherchiert und mir eine eigene Meinung gebildet habe.«

Einige davon könnten funktionieren, andere vielleicht nicht. Doch wenn es Ihnen Spaß macht, zu investieren, und Sie nur einen relativ geringen Anteil Ihres Portfolios riskieren, können Sie das Herzklopfen beim Investieren in Einzelaktien durch die beständigere, aber weniger aufregende Performance passiver Anlagen ausgleichen.

Lernen Sie mehr über Geldanlagen, können Sie von diesem Wissen im Laufe Ihres Lebens nur profitieren. Die Zeiten einer lebenslangen Anstellung mit einer üppigen Rente sind leider lange vorbei. In Zukunft müssen wir viel mehr Verantwortung dafür übernehmen, uns um unsere eigenen Geldanlagen zu kümmern und dafür zu sorgen, dass wir im Ruhestand versorgt sind. Je früher Sie anfangen, den Schneeball den Hügel hinunterzurollen, desto besser!

Etwas, das einen enormen Unterschied darin machen könnte, wie viel Geld Sie problemlos in langfristige Investitionen stecken können, ist, Ihr Einkommen zu erhöhen. Darum geht es im nächsten Kapitel.

8

Maximieren Sie Ihr Einkommen

Ausgabenplanung ist essenziell, damit Sie mit Ihrem Geld zurechtkommen, doch wir können nicht unbegrenzt sparen. Die größere Herausforderung? Ihr Einkommen erhöhen.

Während wir mit der Inflation und den steigenden Lebenshaltungskosten kämpfen, sollte Ihre oberste Priorität sein, um eine Gehaltserhöhung zu bitten (und diese auch zu bekommen!). Idealerweise geben Sie die Differenz zu Ihrem bisherigen Verdienst nicht vollständig aus, denn ein höheres Einkommen vergrößert Ihre Chance auf ein ausreichendes Plus zum Investieren und zur Erfüllung Ihrer finanziellen Pläne.

Das Gehalt aus Ihrer Haupttätigkeit ist wichtig, aber nicht die einzige Möglichkeit, Ihr Einkommen zu verbessern. Es ist kein Geheimnis, dass reiche Menschen mehrere Einkommensströme haben. Dadurch sind Sie weniger anfällig für finanzielle Rückschläge.

Diese Resilienz ist ein Ziel, das wir alle anstreben können. Nebentätigkeiten und die »Gig Economy« sind eine Option; ich möchte hier jedoch beginnen, indem wir uns ansehen, wie wir die Einnahmen durch unsere Haupttätigkeit maximieren können. Nebenbei werden Sie auch ein wenig über die Auswirkungen des Gender Pay Gap und über Studienkredite erfahren.

Wie Sie eine Gehaltserhöhung bekommen

Sind wir ehrlich – wahrscheinlich hätten wir alle gerade gern eine Gehaltserhöhung. Meiner Erfahrung nach fühlen sich jedoch nur wenige mutig genug, darum zu bitten.

Für »Alphamännchen« oder »Alphaweibchen« mit einem soliden Vertrauen in die eigenen Fähigkeiten ist es einfach, ins Chefbüro zu schlendern und für mehr Geld zu argumentieren. Und wir anderen? Machen wir den Mund nicht auf und hoffen bloß, dass unsere harte Arbeit anerkannt wird, könnten diejenigen, die fragen, die Einzigen sein, die absahnen.

»Wir müssen mit der falschen Vorstellung aufräumen, Arbeitgeber*innen würden nicht erwarten, dass Sie über Ihr Gehalt verhandeln, oder dass Sie Ihren Job verlieren, wenn Sie es versuchen«, sagt Margot de Broglie, Mitbegründerin der Frauenfinanz-App Your Finance (Gehaltserhöhungen sind dort eines der am heißesten diskutierten Themen).

Bei der aktiven Verfolgung einer besseren Bezahlung und einer Beförderung kann uns unser emotionales Verhältnis zu Geld im Weg stehen. Die Bezahlung ist nicht die einzige

Form der Anerkennung und Belohnung unseres Engagements bei der Arbeit, aber es ist der bedeutendste Maßstab unseres »Werts«. Keine Gehaltserhöhung zu bekommen, kann vorhandene Unzulänglichkeitsgefühle verstärken.

Meine Kollegin Isabel Berwick, Host des *Financial-Times*-Podcasts *Working It*, sagt, Frauen litten eher unter der Angst, als gierig betrachtet zu werden, wenn sie mehr fordern. Eltern sind manchmal »zu dankbar« für flexible Arbeitsarrangements, die uns die Organisation der Kinderbetreuung vereinfachen, auch wenn die anderswo genauso (oder möglicherweise sogar besser) umgesetzt wird. Unzulänglichkeitsgefühle können rasch in Wut umschlagen, wenn wir herausfinden, dass ein Kollege oder eine Kollegin mehr bekommt als wir – besonders wenn er oder sie schlechte Arbeit leistet!

Gehaltsverhandlungen sind bereits im besten Fall emotional aufgeladene Gespräche, haben Sie jedoch finanziell zu kämpfen, steht noch viel mehr auf dem Spiel. Folgen Sie daher meiner Schritt-für-Schritt-Anleitung, wie Sie das Thema Bezahlung rational statt emotional angehen und so die Chancen erhöhen, dass das Ergebnis Ihrer Verhandlungen ein »Ja« ist.

VERSTEHEN SIE DAS SYSTEM

Jedes Arbeitsumfeld hat unterschiedliche Prozesse und Regeln, was Bezahlung und Beförderung angeht. Das Mindeste, was Sie bekommen sollten, ist irgendeine Form des jährlichen Mitarbeitergesprächs. Gehalt und Boni (falls Sie das Glück haben, welche zu erhalten) sind häufig an die Ergebnisse dieser Leistungsbeurteilung gebunden.

Im öffentlichen Dienst (beispielsweise im staatlichen Gesundheitssystem, an Schulen, in der Verwaltung oder in sonstigen Beamtenverhältnissen) existiert ein formelles System von Entgeltgruppen und Gehaltsstufen. Hier kämpfen die Gewerkschaften für kollektive Gehaltserhöhungen. Dieses System ist transparenter, aber es erschwert einen raschen Aufstieg. Wie Sie aus Kapitel 7 wissen, ist die Altersvorsorge in diesem Bereich sehr großzügig!

Im privaten Sektor sind die Gehaltsstrukturen weniger vereinheitlicht. Eine Erhöhung zu verhandeln, kann einfacher sein, aber es herrscht weniger Transparenz, und im Endeffekt hängt vieles von den Gepflogenheiten in Ihrem Unternehmen ab.

In jedem Fall ist es empfehlenswert, sich eine erfahrene Mentorin oder einen Mentor zu suchen, der oder die Ihnen raten kann, wie Sie am besten die nächste Stufe erreichen (ein vertrauenswürdiger Kollege bei der Arbeit ist toll, aber jemand von außen bringt einen frischen Blick mit – möglicherweise lohnt sich sogar eine Karriereberaterin für Sie).

Wie auch immer das »System« dort, wo Sie arbeiten, aussieht, als Erstes müssen Sie Ihren unmittelbaren Vorgesetzten an Bord holen. »Selbst wenn er oder sie nicht über die Bezahlung entscheidet, ist diese Person diejenige, die Ihren Fall zur nächsten Ebene trägt oder dazu befragt wird«, erklärt *Mrs-Mean-Money*-Podcasthost Lindsay Cook. Überspringen Sie diese Ebene und wenden sich bezüglich einer Gehaltserhöhung oder Beförderung direkt an die nächsthöhere, könnte das nach hinten losgehen – verfahren Sie also vorsichtig.

FINDEN SIE HERAUS, WAS SIE WERT SIND

Was muss Ihr Unternehmen bezahlen, um Sie zu ersetzen? Sprechen Sie mit Recruitern, schauen Sie sich Stellenanzeigen, Websites wie Gehaltsvergleich.com und Gehaltsumfragen in Fachzeitschriften an. Herrscht in Ihrer Branche ein Fachkräftemangel, rennen Sie offene Türen ein, was Ihre Bezahlung angeht. Falls Sie in einer Konjunkturflaute eingestellt worden sind, ist Ihr Einkommen wahrscheinlich von einem viel niedrigeren Punkt aus gestartet und könnte stark hinterherhinken.

Mit Kolleg*innen über Gehalt zu sprechen, kann heikel sein. Sagen Sie jedoch: »Ich habe gesehen, dass Firma XY eine Stelle mit einem Gehalt von Z ausschreibt«, ist das eine weniger abschreckende Art und Weise, ein Gespräch darüber zu beginnen, als die direkte Frage: »Wie viel verdienst du?«

Allerdings haben die steigenden Lebenshaltungskosten zu einer größeren Transparenz in Bezug auf Gehälter geführt. Ein direkter Informationsaustausch mit Kolleg*innen oder Menschen in ähnlichen Positionen bei der Konkurrenz könnte wertvolle Einsichten hervorbringen. Natürlich sollten Sie Ihre Chefin nicht einfach auf dem Flur aufhalten und sagen: »Andere bekommen mehr als ich, das ist nicht fair!«, doch wenn Sie über ein Ungleichgewicht Bescheid wissen, sollte Sie das darin bestärken, mehr zu fordern.

Branchennetzwerke sind eine wertvolle Ressource für Kontakte sowie Daten und Informationen über die Konkurrenz. Ich bin Mitglied in einer Gruppe, die sich im echten Leben trifft, sowie von weiteren auf Facebook, LinkedIn und WhatsApp.

Updaten Sie Ihr Profil auf Recruitment-Websites regelmäßig und vergessen Sie nicht Ihre Bio bei X (früher Twitter) – stellen Sie sich diese als Lebenslauf in 140 Zeichen vor. Es lohnt sich, bereit zu sein. Werden in Ihrer Abteilung Stellen frei, weil Leute aufsteigen oder abgeworben werden, sind Sie so gut aufgestellt, was eine Beförderung angeht. Sie müssen Ihren Vorgesetzten Ihre Ambitionen allerdings auch mitteilen.

BESORGEN SIE SICH EIN PAAR POMPONS

Am Arbeitsplatz müssen wir unsere eigenen Cheerleader sein – unsere Chefs sind meist zu beschäftigt mit ihrer eigenen Karriere, um unsere Leistungen zu bemerken!

Führungskräfte verbringen Ihre Tage zu großen Teilen damit, Probleme zu lösen. Meiner Erfahrung nach freuen sie sich sehr über gute Nachrichten. Vielleicht ist Ihnen die Vorstellung, für sich selbst PR zu betreiben, unangenehm. Gewöhnen Sie sich trotzdem an, von Zeit zu Zeit kurze, sachliche E-Mails zu versenden, wenn Sie (oder Ihr Team) einen Meilenstein gemeistert haben. Haben Sie eine nette Mail von einem Kunden oder einer Klientin erhalten, leiten Sie sie an Ihren Chef oder Ihre Chefin weiter (»Ich dachte, das interessiert Sie vielleicht«). Tun Sie das nur in ausgewählten Fällen (niemand mag Angeber*innen), dann kreieren Sie einen positiven Hintergrund im Hinblick auf Leistungsbewertungen oder Gehaltsgespräche.

»Wenn Sie darauf warten, dass Ihr Wert registriert wird, können Sie ewig warten«, sagt Lindsay. Sie rät außerdem, sich einen Ordner für positive Rückmeldungen, Screenshots von begeisterten E-Mails, lobenden Social-Media-Reaktionen, Kommentaren oder Google-Bewertungen auf dem Desktop anzulegen. Sie können die Sammlung dazu nutzen, Ihren Erfolg zu demonstrieren, wenn Sie für eine Gehaltserhöhung oder Beförderung argumentieren – oder gegebenenfalls sogar für zukünftige Bewerbungsgespräche.

ERZÄHLEN SIE EINE GESCHICHTE MIT IHREN DATEN

Wie können Sie Ihren Erfolg noch nachweisen? Chefinnen und Chefs lieben Zahlen. Können Sie anhand messbarer Zielvorgaben zeigen, dass Sie überdurchschnittliche Leistung bringen? Oder gibt es Beispiele für Situationen, in denen Sie mehr getan haben als unbedingt erforderlich? Vielleicht haben Sie eine höhere Position vertreten oder sich neben Ihrer normalen Arbeit in einer Projektwoche engagiert? Bereiten Sie sich darauf vor, zu sagen: »Das ist es, was ich mitbringe – und ich kann beweisen, wie gut ich bin.«

Erstellen Sie einen Spickzettel mit all diesen Punkten für eine Gehaltsverhandlung mit direkten Vorgesetzten, damit es Ihnen leichtfällt, sich rational und geschäftsmäßig zu verhalten, nicht emotional zu werden und sich an Ihren Plan zu halten.

BITTEN SIE UM EINEN TERMIN

Bitten Sie Ihren Chef oder Ihre Chefin um einen persönlichen Termin, kündigen Sie aber nicht explizit an, dass Sie über Ihr Gehalt sprechen möchten. So vermeiden Sie ein »Nein«, noch bevor Sie die Gelegenheit hatten, richtig zu fragen. Sagen Sie, Sie würden gern über Ihre Karriere oder über Ihre berufliche Entwicklung sprechen. Je eher Sie einen Termin bekommen, desto wahrscheinlicher ist es, dass man nervös geworden ist, Sie könnten kündigen!

Bereiten Sie sich darauf vor, zu erläutern, wie Sie sich den weiteren Verlauf Ihrer Karriere vorstellen. Gibt es eine offene Stelle? Das ist immer hilfreich. Besteht die Möglichkeit, die Stelle zu wechseln oder aufzusteigen, sind Gehaltserhöhungen leichter zu bekommen – besonders, wenn Sie dadurch in eine Führungsposition gelangen können (das war für mich der erste große Durchbruch).

Damit es Ihnen leichter fällt, Ihre Gefühle aus dem Spiel zu halten, üben Sie mit einem Gegenüber, was Sie sagen wollen.

Lächeln Sie und machen Sie deutlich, dass Sie sich im Unternehmen wohlfühlen, aber über mögliche nächste Schritte reden wollen: »Ich mag meine Stelle sehr, würde aber gern mit Ihnen über Möglichkeiten sprechen, mich weiterzuentwickeln.« Gehen Sie Ihren Spickzettel durch und konzentrieren Sie sich auf zwei, drei zentrale Punkte, anhand derer Sie richtig gut zeigen können, was Sie geleistet haben.

Achten Sie auf das Feedback. Häufig ist es überraschend, was Manager*innen auffällt und was sie denken, worin wir gut sind. Bei neuen Vorgesetzten ist dies eine gute Gelegenheit, ihn oder sie über Ihre bisherige Erfahrung ins Bild zu setzen (wenn Sie nicht von dieser Person direkt eingestellt worden sind, kann es sein, dass sie nichts über Sie weiß).

Nachdem Sie mit Ihren Pompons gewedelt haben, sollten Sie das Gespräch auf Ihr Gehalt lenken: »Meine Leistungen in meiner gegenwärtigen Position sind sehr gut, und das würde ich gern in meinem Gehalt gespiegelt sehen.« Sie könnten außerdem hinzufügen: »Meinen Recherchen zufolge entspricht mein Gehalt nicht dem, was ich aus meiner Sicht in die Firma einbringe.«

Denken Sie daran, dass Ihre Chefin nicht weiß, wie viel Sie verdienen. Ich habe mich schon für Teammitglieder eingesetzt, deren Leistungen meiner Meinung nach nicht ausreichend gewürdigt wurden. Bitten Sie Ihren Manager, Ihnen zu erklären, wie die Entlohnungspolitik in Ihrem Unternehmen aussieht. Es kann gut sein, dass er oder sie jedes Jahr einige Mitarbeitende empfehlen kann, die mehr Anerkennung verdient haben – in diesem Fall sollten Sie auf dieser Liste stehen.

WAS SIE BESSER NICHT SAGEN

Auch wenn es wahrscheinlich der Wahrheit entspricht, sagen Sie nicht, dass Sie eine Gehaltserhöhung wegen der hohen Lebenshaltungskosten, gestiegenen Hypothekenraten oder einer schwierigen finanziellen Situation brauchen. Diese Probleme haben vermutlich alle. Ihre Erfolgschancen sind daher größer, wenn Sie sich auf Ihre Fähigkeiten konzentrieren.

Wollen Sie bei Ihrem aktuellen Arbeitgeber bleiben, seien Sie vorsichtig damit, Stellenangebote oder Versprechen von Recruitern zu nutzen, um zu »beweisen«, dass Ihr Gehalt zu niedrig ist. Es kann funktionieren, aber Sie müssen darauf vorbereitet sein, dass man Ihnen sagt: »Es tut uns leid, Sie zu verlieren, aber wir wünschen Ihnen alles Gute.«

Zu guter Letzt: Machen Sie niemanden schlecht, um selbst besser dazustehen.

WAS NUN?

Nach dem Gespräch schicken Sie eine E-Mail an Ihren Chef, worin Sie ihm dafür danken, dass er sich Zeit genommen hat, und kurz zusammenfassen, was Sie besprochen haben (verwenden Sie dabei ein paar Ihrer Daten!), und beenden Sie die Mail, indem Sie die Hoffnung äußern, dass Ihr Gehalt überdacht werden kann, und Sie Ihre Bereitschaft zu weiteren Gesprächen deutlich machen. Das macht es Ihrem direkten Vorgesetzten sehr leicht, die Informationen einfach an die nächste Ebene (oder die verantwortliche Person) weiterzuleiten.

Hoffentlich bekommen Sie als Nächstes dort Gelegenheit für ein Gespräch – lassen Sie sich aber nicht davon entmutigen, wenn man Ihrer Anfrage zunächst eine Absage erteilt. »Selbst wenn man Ihnen im Augenblick nicht mehr Geld geben kann, ist es zumindest möglich, dass man Ihre gute Arbeit anerkennt – und Ihre Bitte wird irgendwo hinterlegt«, sagt Lindsay.

Abhängig von der Rückmeldung könnten Sie um mehr Weiterbildung auf einem bestimmten Gebiet bitten, eine vorübergehende Versetzung in eine andere Abteilung oder um andere Maßnahmen zur beruflichen Entwicklung, die Ihnen helfen, Fortschritte zu machen. Können Sie nicht mehr Geld herausholen, fragen Sie nach einer neuen Tätigkeitsbezeichnung (das habe ich in der Vergangenheit getan, und es hat mir geholfen, meinen nächsten Job zu bekommen).

ZEIT FÜR ETWAS NEUES?

Zur Konkurrenz zu wechseln, bringt in der Regel einen größeren Gehaltssprung, als innerhalb der eigenen Firma aufzusteigen. Der einfache Grund dafür ist, dass man Sie mit dem Geld zum Wechseln motivieren möchte. Männer wechseln tendenziell häufiger die Stellen als Frauen; ein weiterer Faktor, der den Gender Pay Gap verschärft (siehe Seite 238).

Denken Sie jedoch daran, dass sich Vergütung nicht nur auf das Gehalt beziehen muss. Unser Verhältnis zur Arbeit verändert sich, und für viele Menschen ist die Möglichkeit, flexibel oder aus dem Homeoffice zu arbeiten, viel wert (besonders wenn es bedeutet, dass Sie sich die Kosten für das Pendeln zur Arbeit sparen und an einem günstigeren Ort leben können). Der Wunsch, die eigene Zeit frei einzuteilen, könnte mehr wert sein als ein sehr gut bezahlter, aber stressiger Job, bei dem Überstunden zur Norm gehören.

Wonach Sie in Vorstellungsgesprächen fragen sollten

In manchen Stellenanzeigen wird das Gehalt angegeben – sollte das nicht der Fall sein, bereiten Sie sich auf ein etwas unangenehmes Gespräch über Ihre Gehaltsvorstellungen vor.

»Nennen Sie nicht als Erstes eine Zahl«, sagt Margot. »Was Sie im Augenblick verdienen, könnte viel weniger sein, als man zu bezahlen bereit ist. Fragen Sie, welche Gehaltsspanne für diese Stelle vorgesehen ist. Oder vermeiden Sie, die Frage zu beantworten, indem Sie sagen: ›Können Sie mir zuerst mehr über die Position erzählen? Danach können wir gern über das Gehalt sprechen.‹« Auf diese Weise bekommen Sie mehr Informationen, anhand derer Sie beurteilen können, wie groß der Unterschied zu Ihrer bisherigen Position ist und ob Sie ein Team managen müssen.

Existiert ein Bonussystem, fragen Sie, wie die Boni vergeben werden. Ist es ein System, das auf persönlichen Empfehlungen der Vorgesetzten basiert, oder ist es mit dem Erreichen bestimmter Ziele verknüpft? Oder eine Kombination aus beidem?

Fragen Sie immer nach der betrieblichen Altersvorsorge und mit wie viel »kostenlosem Geld« in Form von vermögenswirksamen Leistungen zu rechnen ist. Ist das Unternehmen börsennotiert, fragen Sie nach Aktienoptionen. Das ist eine wertvolle Sonderzulage, bei der Angestellte vergünstigt Anteile ihres Unternehmens erwerben und nach drei oder fünf Jahren (hoffentlich mit einem anständigen Gewinn!) verkaufen können. Dasselbe gilt für Elternzeitregelungen: Manche Firmen sind viel großzügiger als andere, und sowohl Männer als auch Frauen sollten danach fragen.

Werden Sie von einem Start-up angeworben, könnte man Ihnen zukünftige Beteiligungen (Aktien) anbieten. Sie sollten verstehen, wie das funktioniert. »Falls Ihnen nicht klar ist, was das bedeutet, können Sie nicht darüber verhandeln«, sagt Margot. Die erste zentrale Frage lautet: »Wie sieht die Exitstrategie aus?«, die zweite, wie lang Sie in dem Unternehmen arbeiten müssten, um diese Optionen zu erhalten.

Was könnte Ihnen ein Wechsel bringen?

Bietet man Ihnen eine neue Stelle an, sagen Sie nicht zu, ohne nachzudenken. Da das andere Unternehmen Sie einstellen möchte, sitzen Sie nun am längeren Hebel. Während es zu einem Tauziehen mit Ihrem gegenwärtigen Arbeitgeber kommen kann, ist das Gehalt im neuen Unternehmen nicht das Einzige, worüber Sie verhandeln können, sagt Margot: »Abhängig von der Branche, in der Sie arbeiten, können Sie vielleicht ein Antrittsgeld fordern, irgendeine Gewinnbeteiligung oder eine andere Form von Jahresprämie.«

Sie könnten aushandeln, dass Sie eine bestimmte Anzahl von Tagen im Homeoffice arbeiten, oder sogar versuchen, eine formelle Anerkennung Ihrer Nebentätigkeit zu erreichen. (Wie, Sie haben keine Nebentätigkeit? Nun, als Nächstes schauen wir uns Ideen dafür an.)

WAS IST DER GENDER PAY GAP?

Seit der Einführung des Entgelttransparenzgesetzes müssen Unternehmen ab einer bestimmten Größe die Differenzen im durchschnittlichen Stundenlohn von Frauen und Männern offenlegen. Die Abweichung liegt derzeit bei 18 Prozent. Die Lücke ist bei jüngeren Angestellten noch relativ gering und erweitert sich stark ab dem Alter von 30 Jahren. Kinderbetreuung – und deren enorme Kosten – ist häufig der Grund, dass viele Frauen Teilzeit arbeiten und gezwungen sind, ihre berufliche Entwicklung weitgehend auf Eis zu legen, oder ganz aufhören. Eine positive Folge der Coronapandemie ist die Flexibilisierung der Arbeit, was es für Paare (nicht nur für Frauen!) vereinfacht, Erwerbsarbeit und Kinderbetreuung zu jonglieren. Ich habe noch nie so viele Väter gesehen, die ihre Kinder zur Schule bringen, und das macht mich froh.

Studieren Sie die Pay-Gap-Daten Ihres Unternehmens, und schauen Sie, wie diese im Vergleich mit der Konkurrenz aussehen. Streben ihre Vorgesetzten an, die Lücke zu schließen, könnte dies Frauen, die eine Gehaltserhöhung oder Beförderung verhandeln, in die Hände spielen.

Unabhängig vom Geschlecht würde ich allen Menschen, die nicht Vollzeit arbeiten, raten, sich vor der Teilzeitfalle zu hüten. Die Gefahr ist, dass Sie Arbeit für fünf Tage erledigen, aber nur für vier bezahlt werden. Außerdem kann die Dauerbereitschaft der Technik Ihren freien Tag gefährden! (Lesen Sie im nächsten Kapitel, wie sich die Kosten für Kinderbetreuung auf das Einkommen von Frauen auswirken können.)

Fünf Tage zu arbeiten, erhöht nicht nur Ihr Gehalt um 25 Prozent, sondern hilft Ihnen auch, die Rentenlücke zwischen den Geschlechtern zu schließen. Gehen Frauen in den Ruhestand, enthält ihr Rententopf im Schnitt bloß zwei Drittel dessen, was in dem eines durchschnittlichen Mannes steckt – und Frauen leben länger.

Es geht jedoch nicht nur um die Bezahlung und die Rente. Berücksichtigt man den Wert unbezahlter Tätigkeiten (Hausarbeit, Kinderbetreuung, Betreuung älterer Angehöriger), verdienen Männer beispielsweise im Vereinigten Königreich zwei Drittel mehr als Frauen, wie eine wissenschaftliche Studie festgestellt hat. Das Schließen des Gender-Pay-Gap könnte also zu Hause beginnen!

Zusatzeinkommen oder bloß zusätzlicher Stress?

Nebentätigkeiten – damit meine ich die Entwicklung eines Einkommensstroms neben Ihrem Hauptjob – haben während der Pandemie stark zugenommen. Der »Einkommensschock« durch die Lockdowns in Kombination damit, dass wir mehr Zeit zur Verfügung hatten, hat uns inspiriert, kreativ zu werden, was unsere Möglichkeiten angeht, Geld hereinzuholen.

Trotzdem möchte ich diesen Abschnitt mit einer großen Warnung beginnen. Opfern Sie Ihre Freizeit dafür, zusätzliches Geld zu verdienen, kann das entweder eine großartige Investition Ihrer Zeit sein – oder eine richtig schlechte!

Damit es Ihnen leichter fällt, zu beurteilen, wie es in Ihrem Fall aussieht, überlegen Sie, ob sich die Investition in eine Nebentätigkeit tatsächlich lohnt. Ihre Freizeit ist keine »freie« Ressource (blättern Sie zurück zu Kapitel 2, falls Sie eine Erinnerung benötigen, dass Ihre Zeit Geld wert ist).

Vergleichen Sie die Zeit, die Sie mit einer Nebenbeschäftigung verbringen, mit dem finanziellen Ertrag, und fragen Sie sich, ob es sich wirklich lohnt, Stunden damit zu verbringen, Online-Kundenbefragungen auszufüllen, um ein paar Euro zu verdienen, oder Ihr Glück auf Sportwetten-Seiten zu versuchen.

Sportwetten haben darüber hinaus übrigens den Nachteil, dass sie leicht süchtig machen können (auf Lynn Beatties Blog *Mrs MummyPenny* finden Sie einen erschütternden Bericht darüber, wie sie eine solche Sucht entwickelt hat).

Einige Finanzexpert*innen auf Instagram empfehlen diese Formen der Nebentätigkeit, um zusätzliches Geld zu verdienen, aber ich bin der Meinung, dass dies bloß zusätzlicher Stress ist. Sie kosten viel Zeit, und Sie erwerben dabei keine nützlichen Fähigkeiten. Ich verwende meine Zeit lieber für etwas, das ich gern tue, selbst wenn ich damit kein Geld verdiene, oder nutze mein Netflix-Abo maximal aus. Ein Burnout hat einen höheren Preis!

Ich bin ein Fan von Nebeneinnahmen durch Decluttering (wenn Sie Dinge, die Sie nicht mehr benötigen, online verkaufen). Zahlreiche Apps wie eBay, Vinted oder Momox vereinfachen das. Dennoch kann es viel Zeit in Anspruch nehmen. Setzen Sie sich Regeln, für was sich der Aufwand lohnt. Ich mache mir die Mühe heute nur noch für Dinge, für die ich 10 Pfund oder mehr erwarten kann, und stelle sie bei Facebook Marketplace zur Abholung ein. So vermeide ich die Tortur, die Versandkosten abschätzen zu müssen und mich bei der Post in die Schlange zu stellen. Alles Übrige bekommt der Wohltätigkeitsladen bei mir um die Ecke, so hilft mein übermäßiger Konsum wenigstens jemand anderem.

Lassen Sie Ihre Assets für sich arbeiten

Eine weitere Idee, um mit den Dingen, die Sie besitzen, Geld zu machen: Vermieten Sie sie. Sehen Sie sich Websites wie Clothes-Friends oder Kleiderei an, wo Sie Designerkleidung mieten oder verleihen können. Das ist eine gute Möglichkeit, wenn Sie beispielsweise ein schickes Outfit für eine Hochzeit benötigen.

Jasmine Birtles, Gründerin der Website *MoneyMagpie*, weist auf die zahlreichen Online-Plattformen hin, mit denen Sie finanziell mehr aus Ihrem Eigentum herausholen können – möglicherweise ein Weg, höhere Hypothekenraten zu bewältigen.

Falls Sie einen Parkplatz oder eine Garage besitzen, können Sie diese über Services wie Immobilien-Scout vermieten. Hier können Sie auch ungenutzten Lagerraum zu Geld machen. Oder tragen Sie Ihr Zuhause bei Peerspace oder anderen einschlägigen Websites als Location für Filmproduktionen und Fotoshoots ein.

Eine gängigere Form, mehr Geld hereinzuholen, ist die Untervermietung eines Zimmers. Sie könnten es auf Websites wie Airbnb zu Zeiten anbieten, zu denen es Ihnen gut passt. Laut Jasmine können Sie von Pendlern profitieren, die aus dem Stadtzentrum weggezogen sind, dort aber unter der Woche wegen der Arbeit eine Bleibe benötigen. Googeln Sie unter dem Stichwort »Monteurzimmer« Plattformen, die speziell darauf ausgelegt sind. Das hat den Vorteil, dass Sie Ihr Zuhause am Wochenende für sich haben.

Next-Level-Nebenbeschäftigungen

Keiner der Nebenjobs (und -flops!), die ich bislang erwähnt habe, sollte Probleme mit Ihrem Arbeitgeber darstellen. Formellere Nebentätigkeiten, also auch ein zweiter Job, dagegen möglicherweise schon.

Aktivitäten, die speziellere Fähigkeiten und Erfahrung erfordern, sollten relativ zu der Zeit, die Sie investieren, mehr Ertrag bringen. Die altmodische Bezeichnung dafür ist »nebenberufliche Beschäftigung«. Mittlerweile ist die Möglichkeit, Menschen nach Bedarf für einen bestimmten Zweck zu engagieren, eher unter dem Begriff »Gig Economy« bekannt.

In Ihrem Arbeitsvertrag könnte allerdings stehen, dass Sie keine zweite Beschäftigung nebenher haben dürfen, zumindest nicht ohne vorherige Erlaubnis. Warum?

»Die Leute nehmen gern Nebentätigkeiten auf, die Kompetenzen erfordern, die sie bereits haben und in ihrem Hauptjob nutzen. Dadurch könnte Ihr Arbeitgeber hier leider möglicherweise einen Interessenkonflikt sehen«, erklärt Ken Okoroafor, Gründer der Website *The Humble Penny*. Ken begann nebenberuflich als Content-Creator, doch nach einer Weile kündigte er seine Stelle als CFO bei einem Venture-Capital-Unternehmen und machte – gemeinsam mit seiner Frau Mary – die Neben- zur Hauptbeschäftigung.

Der Widerstand von Arbeitgebern gegenüber Nebentätigkeiten könnte auch von Ängsten herrühren, dass Sie ihnen die Kundschaft wegnehmen oder privat Geld an den Firmenkund*innen verdienen könnten oder dass jede Art der Nebenbeschäftigung Sie von der Hauptarbeit ablenken oder zu viel Zeit kosten könnte. Stehen Sie durch Ihre Nebenbeschäftigung in der Öffentlichkeit, könnte man sich in Ihrem Unternehmen auch Sorgen wegen eines möglichen Imageschadens machen. Das schnelle Wachstum der Online-Wirtschaft bedeutet, dass es teilweise noch keine Richtlinien dazu gibt, wie die eigenen Angestellten zusätzlich Geld verdienen dürfen, beispielsweise als Influencer*innen, die bezahlte Partnerschaften mit anderen Marken eingehen.

»Außerdem denke ich, dass viele Arbeitgeber eigentlich nicht möchten, dass Sie noch andere Optionen haben – sie wollen die alleinige Macht über Sie behalten«, sagt Ken. »Können Sie Geld auf einem anderen Weg verdienen, reduziert das ihren Einfluss. Doch der eine Job, den man sein Leben lang behält, existiert nicht mehr. Häufiger hat man zwei oder drei verschiedene Einkommensströme und verlässt sich nicht mehr nur auf einen. Die Erfahrungen während der Coronapandemie haben gezeigt, dass wir dadurch weniger anfällig für finanzielle Schwierigkeiten werden.«

Das Erste, was Sie überprüfen sollten, ist Ihr Arbeitsvertrag – wenngleich die Formulierungen dort meist recht vage sind. Möglicherweise müssen Sie sich tiefer in die für Ihren Arbeitsplatz geltenden Vorschriften vergraben. Achten Sie dabei auf Themen wie Interessenkonflikte oder Verhaltensregeln für Mitarbeitende (darin könnte beispielsweise stehen, dass Angestellte für die Ausübung einer nebenberuflichen Beschäftigung um Erlaubnis bitten müssen), um zu schauen, wie man Ihre eigene Tätigkeit interpretieren könnte.

»Verschweigen Sie Ihre Nebenbeschäftigung und Ihr Arbeitgeber findet heraus, was Sie tun, besteht das Risiko, dass Ihr Verhalten als intransparent betrachtet wird«, fügt Ken hinzu. Man könnte das Vertrauen in Sie verlieren – und wenn er zu dem Schluss kommt, dass Sie die Arbeitsplatzrichtlinien ernsthaft verletzen, könnten Sie Ihre Stelle verlieren.

Wie Sie Ihre Nebentätigkeit ausweiten

Viele Nebenbeschäftigungen beginnen als Hobby und kosten zu Anfang Zeit und Geld. In manchen Fällen lassen sich jedoch mit der Zeit aus ihnen Einnahmen generieren.

Mein wichtigster Tipp zu Beginn: Halten Sie dieses Geld getrennt von Ihrem regulären Einkommen, damit Sie leichter einschätzen können, ob sich der Aufwand finanziell lohnt. Das vereinfacht es außerdem, herauszufinden, ob Sie verpflichtet sind, darauf Steuern zu zahlen, und den Fortschritt im Hinblick auf Ihre finanziellen Ziele zu verfolgen.

Mit den meisten Nebentätigkeiten verdienen Sie auf lineare Art und Weise: indem Sie Ihre Zeit und Expertise gegen Geld tauschen. Ein großer Teil freiberuflicher Arbeit ist schlecht bezahlt, kann jedoch Vorteile wie neue Erfahrungen und Netzwerkmöglichkeiten mit sich bringen. Beurteilen Sie realistisch, ob dies in Zukunft zu einem besser bezahlten Job führen könnte. Etwas »für exposure«, also öffentliche Wahrnehmung, zu tun, ist bloß eine coolere Art, auszudrücken, dass Sie kostenlos arbeiten.

Ken sagt, einer der Wege, die Nebentätigkeit auszuweiten, sei, Ihre Fähigkeiten, Ihr Wissen und Ihre Erfahrung dafür zu nutzen, ein Membership-Business zu gründen. Denken Sie zurück zu Kapitel 3, wo wir besprochen haben, wie wertvoll wiederkehrende Einnahmen durch Mitgliedschaften oder Abonnements für alle möglichen Arten von Geschäften sind, von Netflix über Kochboxen bis hin zu Fitnessstudios.

»Sind Menschen bereit, einen kleinen Betrag zu bezahlen, um Zugang zu Ihrem Produkt oder Service zu bekommen, ist das ein planbares Einkommen«, sagt er. »Sie können die Arbeit außerhalb Ihrer Bürozeiten erledigen, aber den ganzen Tag online Geld verdienen.«

Content-Creator mit einem YouTube-Kanal, einem Podcast, Blog oder Steady können diese, sofern ihre Reichweite groß genug ist, auf verschiedene Arten zu Geld machen. Viele beliebte Services und Produkte sind am Küchentisch entstanden. Gelingt es Ihnen, kalkulierbare Einnahmen zu generieren, könnte dies für sich genommen ein kleines Geschäft darstellen. Sie könnten natürlich auch feststellen, dass Sie unmöglich von Ihrer Nebentätigkeit leben könnten, aber einfach Spaß dabei haben, es zu versuchen. Mary und Ken sind der Meinung, Sie sollten es in jedem Fall probieren.

Und zu guter Letzt denken Sie daran, dass Sie nicht jedes Hobby zu Geld machen können. Ich spiele sehr gern Saxofon, und auch wenn ich nie ernsthaft Geld mit Auftritten gemacht habe, hatte ich dabei eine Menge Spaß und habe Freundschaften fürs Leben geschlossen. Diese Dinge sind – auf eine andere Art – ebenfalls viel wert.

Nebentätigkeiten und Steuern

Wenn Sie Secondhand-Waren für weniger verkaufen, als Sie ursprünglich bezahlt haben, müssen Sie sich keine Gedanken um Steuern machen. Verkaufen Sie Dinge mit Gewinn weiter, könnten Steuern fällig werden. (…)

Finden Sie Möglichkeiten, Ihre Einnahmen aufzubessern, macht sich das mit der Zeit doppelt bezahlt: Sofern es Ihnen gelingt, die »Lifestyle-Inflation« zu vermeiden, erhöht sich dadurch direkt die Summe, die Sie für die Zukunft sparen und investieren können.

Und denken Sie immer daran: Das wertvollste Asset, mit dem Sie Geld verdienen können, sind Sie selbst und das, was Sie leisten können!

Aus diesem Grund lohnt es sich, über die persönliche Entwicklung als eigene Budgetkategorie nachzudenken. In einen Kurs, ein Coaching oder andere Formen der Weiterbildung zu investieren, die Sie dorthin bringen könnten, wo Sie sein wollen, könnte klug investiertes Geld sein.

Gleichermaßen wichtig ist jedoch Selbstfürsorge. Dem Geld um des Geldes willen hinterherzulaufen, ist nie eine gute Strategie. Wir alle brauchen Freizeit, um zu funktionieren, und ich hoffe, die Ideen in diesem Buch helfen Ihnen, die richtige Balance zu finden.

Ob Sie nun motiviert sind, um eine Gehaltserhöhung zu bitten oder eine Nebentätigkeit aufzunehmen, eins ist sicher: Sie sind bereit, über Geld zu reden.

Was der perfekte Zeitpunkt für unser letztes Kapitel ist: Wege zu finden, gemeinsam über Geld zu sprechen.

9

Über Geld sprechen

Über Geld zu reden, fällt allen schwer – besonders aber uns Briten. Das muss sich dringend ändern.

In diesem Buch habe ich Ihnen gezeigt, wie viel unsere Emotionen mit unserem Verhältnis zu Geld zu tun haben und wie das – möglicherweise unbewusst – unser Verhalten beeinflussen kann. Es kann unangenehm sein, über Geld zu sprechen, vielleicht fühlen wir uns sogar ein wenig verletzlich.

Dabei geht es nicht nur um Zahlen – wir legen auch unsere Empfindungen in Bezug auf Geldthemen offen.

Die steigenden Lebenshaltungskosten haben dazu geführt, dass das Sprechen über Geld notwendiger geworden ist. Deshalb widme ich der letzten der »sieben Supergewohnheiten« ein ganzes Kapitel: Wege zu finden, sich über Geld auszutauschen.

Möglicherweise haben Sie es auch schon erlebt: Gespräche über Geld sind emotional so aufgeladen, dass sie schnell in Streit umschlagen können! In diesem Kapitel zeige ich Ihnen, dass es unerlässlich ist, das eigene Verhältnis zu Geld zu verstehen, wenn wir erfolgreich mit anderen darüber sprechen wollen – ob in der Partnerschaft, in der Familie oder in Freundschaften. In der Lage zu sein, über Geld zu reden, wird wegen der enormen finanziellen Auswirkungen noch wichtiger, wenn Sie planen, mit Ihrem Partner oder Ihrer Partnerin zusammenzuziehen oder eine Familie zu gründen.

Mithilfe einer Psychotherapeutin werde ich Ihnen eine Menge Tipps zur Lösung von Konflikten geben, aber auch dazu, wie Sie zielführend mit Finanzdienstleistern kommunizieren oder mit auftauchenden Problemen umgehen können.

Finanzielle Sorgen haben schwere Auswirkungen auf unsere psychische Gesundheit. In der Lage zu sein, unsere Ängste mitzuteilen, kann das Gefühl der Überforderung verringern und uns ermutigen, uns die nötige Unterstützung zu suchen.

Ich hoffe, dieses Kapitel hilft Ihnen, Ihre innere Stärke zu nutzen, um Dinge zu verändern und einen letzten wichtigen Schritt Richtung finanzieller Unabhängigkeit zu tun.

Sich wohler damit fühlen, über Geld zu sprechen

Wir haben einige Geldthemen behandelt, die es in sich hatten. Ich bin sicher, dass Sie mittlerweile ein besseres Verständnis Ihres eigenen Verhältnisses zu Geld und den Bereichen haben, bei denen Sie noch einmal genauer hinsehen sollten.

Wenn Sie erst einmal verstanden haben, was Ihre Ausgangslage ist, ist es viel einfacher, mit Ihrem Partner, Ihrer Partnerin, Ihrer Familie oder Freund*innen zu sprechen, sagt Vicky Reynal, die Psychotherapeutin mit dem Spezialgebiet Geld, die wir bereits in Kapitel 1 kurz kennengelernt haben. Häufig haben die Menschen, die zu ihr kommen, sich bereits Rat bei Finanzfachleuten geholt. Sie wissen, was sie mit ihrem Geld tun sollten, spüren aber irgendeine emotionale Blockade.

Wie Vicky es ausdrückt: »Ich helfe den Leuten zu verstehen, welche Emotionen sie dazu bringen könnten, zu viel auszugeben, sich finanziell selbst zu sabotieren oder stark an ihrem Geld festzuhalten, statt es zu genießen. Die Fähigkeit, unser Verhalten in Bezug auf Geld zu verändern, unseren Partner, unsere Partnerin zu verstehen und Kompromisse mit ihnen einzugehen, kann nur geschehen, wenn wir Klarheit darüber haben, was Geld für uns bedeutet, wofür es bei uns steht.«

Wie können wir unsere finanzielle Veranlagung ändern?

Vicky hat ein ganzes Buch zu dem Thema geschrieben, das 2024 erscheint. Sie hat mir jedoch bereits jetzt einige Hinweise gegeben.

In vielen Geldnarrativen, die sie hört, scheint sich der Konflikt oberflächlich um Geld zu drehen, was jedoch in Wahrheit ausgedrückt wird, »sind Sehnsüchte und Ängste rund um Sicherheit, Macht, Selbstvertrauen, Männlichkeit, Weiblichkeit, Kontrolle oder Liebe«.

Als bekennender Goblin sehe ich Geld vorwiegend als etwas, das mir Sicherheit vermittelt. Es gibt mir ein besseres Gefühl, mir meinen Kontostand anzuschauen, als das Geld zu investieren, für das ich so hart gearbeitet habe.

In ihrer Praxis, sagt Vicky, kommen die Menschen in Kontakt mit dem, was ihrem inneren Konflikt zugrunde liegt, sie identifizieren ihre Ängste, Hoffnungen, Befürchtungen und Fantasien, die mit Geld verknüpft werden, aber möglicherweise eine andere Ursache haben. Haben die Menschen erst einmal gelernt, diese Unterscheidung zu machen, »sind sie in der Lage, zu bestimmen, woran sie festhalten möchten und was sie verändern oder loswerden wollen«, fügt sie hinzu.

In meinem Fall ist das Horten von Bargeld so fest in meiner Psyche verdrahtet, weil es davon in meiner Kindheit und Jugend nicht viel gab. Da ich Geld in erster Linie vor allem mit Sicherheit verbinde, verfolgt mich immer noch die Sorge, das Geld könnte ausgehen – auch wenn ich weiß, dass sie unbegründet ist.

Im Laufe der Jahre habe ich gelernt, diese Neigung zu erkennen. Ich habe gesunde Rücklagen für den Notfall, doch es fällt mir mittlerweile leichter, mein Geld langfristig zu investieren.

Über Geld sprechen in der Partnerschaft

Die Haltung eines zukünftigen Partners oder einer Partnerin hinsichtlich des Geldes entwickelt sich lange vor Ihrem ersten Date. Kaffee oder Essen gehen? Schickes Restaurant oder Streetfood? Und dann die schwierige Frage, wie die Rechnung aufgeteilt werden soll.

Martin Lewis, der Money Saving Expert, hat einmal in einem Interview mit der *Sunday Times* die legendäre Antwort gegeben, wenn jemand das Abendessen beim ersten Date mit einem Rabattcoupon bezahle, sei diese Person eindeutig heiratswürdig.[14]

Ich bin geneigt, ihm zuzustimmen! Darauf bedacht zu sein, sein Geld bestmöglich auszunutzen, und die Fähigkeit, vorauszuplanen, sind Eigenschaften, die ich an einem Lebenspartner zu schätzen wüsste – aber vielleicht haben Sie andere Vorstellungen. Auf die Idee zu kommen, einen Rabattcoupon zu benutzen, könnte auf Sie ziemlich abschreckend wirken, vielleicht würden Sie sich nicht wertgeschätzt fühlen oder fürchten, dass Ihr Date ein Geizkragen ist.

Wie auch immer Ihre Reaktion aussehen mag, sie hängt letztlich von Ihren persönlichen Werten in Bezug auf Geld ab. Wie gut diese zu denen Ihres potenziellen Partners oder Ihrer Partnerin passen, wird auch als »finanzielle Kompatibilität« bezeichnet. Stimmen sie weitgehend überein, ist dies eine starke Basis für Ihre zukünftige Beziehung. Diskrepanzen hingegen könnten zu Streitigkeiten führen.

Ab wann sollte man darüber nachdenken? Finanzielle Kompatibilität steht zu Beginn einer Beziehung vielleicht ganz unten auf der Liste, aber sie rückt recht bald weiter nach oben. Idealerweise sollten Sie wissen, wie Ihr Partner oder Ihre Partnerin tickt, bevor Sie sich auf gemeinsame finanzielle Verpflichtungen einlassen wie zusammenzuziehen oder eine Familie zu gründen. Doch was können Sie tun, wenn Sie merken, dass Sie sich häufig über Geld streiten?

Viele Menschen, die zu Vicky kommen, tun das, weil Geld eine Ursache für Konflikte in ihrer Beziehung geworden ist. Oberflächlich betrachtet streiten Sie darüber, wie das Geld ausgegeben oder zwischen Ihnen aufgeteilt werden sollte, über den Umgang mit Schulden oder darüber, ob eine Investition zu riskant ist oder nicht.

Vicky betont, dass dies ganz normal ist. Wir alle haben unterschiedliche finanzielle Wertvorstellungen und Perspektiven auf Geld, ohne Verständnis und Kompromisse geht es also nicht.

»Geld ist jedoch häufig ein starkes Symbol, und eines, das die Menschen oft unbewusst nutzen, um emotionale Themen auszuagieren«, sagt sie. »Meiner Erfahrung nach geht es bei vielen Streits über Geld gar nicht wirklich um Geld. Vielmehr geht es darum, was Geld den Beteiligten bedeutet. Es wird also häufig ein Instrument, anhand dessen wir etwas ausdrücken, was wir in einer Beziehung empfinden.«

Beispielsweise könnte sich ein Partner beschweren, dass der andere nicht genug Geld ausgibt, und damit in Wirklichkeit meinen, dass ihm Liebe, Zuneigung oder ein Gefühl von Sicherheit fehlen. Eine Umarmung kostet nichts. Sich geliebt zu fühlen, kann wertvoller sein als ein Geschenk.

In anderen Fällen könnte das Problem in einer Partnerschaft sein, dass zu viel Geld ausgegeben wird. Eine Freundin von mir hat eine Beziehung mit einer wohlhabenden, sehr erfolgreichen Führungskraft beendet, nachdem der Mann wiederholt Dates abgebrochen und ihr daraufhin extravagante Geschenke mit dem Versprechen neuer Treffen geschickt hatte. Er kam nicht gut damit zurecht, von ihr verlassen zu werden, weil er nicht verstand, dass ihr seine Zeit und Aufmerksamkeit lieber gewesen wären. In beiden Fällen stellte sich ein Problem anhand des Umgangs mit Geld dar: Unter der Oberfläche lauerten tiefsitzende emotionale Schwierigkeiten.

Typische Streitthemen im Zusammenhang mit Geld

Ich habe Vicky gefragt, über welche Aspekte ihrer Finanzen Paare am häufigsten streiten. Möglicherweise entdecken Sie in ihren Antworten einige vertraute Beziehungskonflikte! Keine Sorge, falls das der Fall sein sollte – sie hat auch Empfehlungen, wie Sie diese lösen könnten.

WIE MAN SEINE FINANZEN ALS PAAR ZUSAMMENLEGT – UND OB MAN DAS ÜBERHAUPT TUN SOLLTE

Halten Sie Ihre Finanzen vollkommen getrennt, haben Sie ein gemeinsames Konto, auf das Sie beide eine bestimmte Summe einzahlen, oder legen Sie alles zusammen? Das wird in der Regel erst ein Thema, wenn Sie unter demselben Dach leben. Das bedeutet jedoch nicht, dass es deswegen nicht zu großen Konflikten kommen kann! Es gibt hier keine richtige oder falsche Vorgehensweise, aber, wie Vicky sagt: »Bei diesem Thema besteht das Potenzial, dass eine Reihe von Unsicherheiten, die nicht nur mit Geld zu tun haben, sondern auch mit Vertrauen, Intimität und Kontrolle, an die Oberfläche gespült werden.«

IHRE EINKOMMEN UNTERSCHEIDEN SICH SEHR

Nachdem Sie wissen, wie viel Sie beide verdienen, könnte das Aufteilen der Kosten problematisch werden. Sollte es 50:50 sein oder ein Verhältnis, das Ihren unterschiedlichen Einkommensverhältnissen entspricht? Vicky sagt, bei der Diskussion um Fairness oder Gleichberechtigung kommen oft die unterschiedlichen Erfahrungen von Gerechtigkeit und einem Machtgleichgewicht zum Tragen.

Als die Besserverdienende in meiner Beziehung bringt es mich auf die Palme, wenn im Restaurant die Rechnung automatisch meinem Mann vorgelegt wird! (Er findet das zum Schießen.) Einer der vielen Gründe, weshalb ich ihn geheiratet habe, ist jedoch, dass er eine vollkommen andere Haltung zu Geld hat als meine früheren Partner. In der Vergangenheit endeten meine Beziehungen manchmal sehr plötzlich, wenn mein Partner herausfand, dass ich mehr verdiente als er. Im Gegensatz dazu war es immer unkompliziert, mit meinem Mann über Geld zu sprechen und gemeinsame finanzielle Entscheidungen zu treffen, mit denen wir beide zufrieden sind.

Interessanterweise sagt Vicky, dass Menschen sich tendenziell unwohl fühlen, wenn das Modell in ihrer Beziehung anders ist als das, was sie aus ihrer Kindheit kennen. Mein Mann ist bei seiner alleinerziehenden Mutter aufgewachsen, die alle finanziellen Entscheidungen traf – ich denke also, es ist kein Zufall, dass wir gut miteinander zurechtkommen.

IHR INNERER FINANZIELLER KOMPASS

Jeder Mensch hat laut Vicky seine eigene Definition von Überfluss und Sparsamkeit, die sich in seinem Umgang mit Geld beim Ausgeben, Sparen, Investieren und Schuldenabbau zeigt. Dies spiegelt sich auch in den Ansichten darüber wider, was als großzügig oder gierig, riskant oder vernünftig gilt. »Im Alltag treffen wir zahlreiche Entscheidungen und richten uns dabei nach diesem inneren Kompass«, sagt Vicky.

Nehmen wir das Thema Urlaub als Beispiel. Vielleicht würden Sie gern zwei Wochen auf die Malediven reisen, Ihr Partner träumt dagegen vom Vögelbeobachten in Norfolk.

Oder Ihre Partnerin hat kein Problem damit, eine gewaltige Hypothek aufzunehmen, um ein Traumhaus zu kaufen, während Sie lieber mit einer bescheideneren Hütte auf Nummer sicher gehen würden. Zeigen Ihre Kompasse in unterschiedliche Richtungen, ist die Endstation unweigerlich Zoff!

WIE FINANZENTSCHEIDUNGEN GETROFFEN WERDEN

Oft liegt das Problem darin, wer die Entscheidungen trifft, so Vicky: »Vermeidet einer das Thema und delegiert jegliche Verantwortung an den anderen? Fühlt sich einer für alle Entscheidungen zuständig oder handelt impulsiv, ohne sich mit dem anderen zu besprechen?«

Ich gestehe, dass ich oft genervt bin, wenn ich eine finanzielle Entscheidung, über die ich mir Gedanken gemacht habe, mit meinem Mann besprechen will und er nur antwortet: »Das weißt du am besten, Liebes.« Für mich ist es wichtig, dass er versteht, was finanziell Sache ist, und dass wir große Entscheidungen gemeinsam treffen – für ihn ist es jedoch wichtiger, Fußball zu schauen! Als ich anfing, dieses Buch zu schreiben, prahlte er, er könne es in vier Worten zusammenfassen: »Heiraten Sie eine Finanzexpertin!«

GEWOHNHEIT NUMMER SIEBEN:
Nehmen Sie sich die Zeit,
über Geld zu sprechen

Im Grunde gibt es nie einen guten Zeitpunkt, um über Geld zu reden – deshalb müssen wir uns die Zeit nehmen.

Wir schaufeln uns Zeit frei, um ins Fitnessstudio zu gehen, für Kosmetikbehandlungen, um das Auto in die Werkstatt zu bringen – warum nicht auch welche einplanen, um über Geld zu reden? Selbst wenn Sie anfangen, indem Sie mit sich selbst sprechen, Ihre Gefühle aufschreiben oder gründlicher über die Themen aus diesem Kapitel nachdenken, lohnt sich die Investition.

Falls Sie in einer Beziehung sind, möchten Sie diese Gespräche vielleicht irgendwann auf Ihren Partner oder Ihre Partnerin ausweiten. Wenn der direkte Weg (»Ich fände es gut, wenn wir mehr über Geld reden und zusammen Pläne machen würden«) Ihnen nicht zielführend erscheint, fangen Sie kleiner an, indem Sie ihn oder sie nach den ersten Erinnerungen im Zusammenhang mit Geld fragen (siehe Kapitel 1) und von Ihren eigenen erzählen.

Über Geldprobleme anderer Menschen zu sprechen, ist eine Million Mal einfacher als über die eigenen. Mein Lieblingsaccount auf Instagram ist @GoFundYourself. Dort gibt die Autorin Alice Tapper anonym »Geldgeständnisse« ihrer Community weiter. Sie sind faszinierend, häufig herzzerreißend, aber immer lehrreich. Einige der jüngsten Posts waren: »Ich nutze mein 250 000-Pfund-Gehalt als Testfrage beim Dating«, »Ich habe meinen gut bezahlten, aber stressigen Job gekündigt, weil ich ein glücklicheres Leben führen möchte« und »Ich habe Anti-Arschloch-Rücklagen in Höhe von 10 000 Pfund«. Suchen Sie sich einen aus und sprechen Sie mit Ihrem Partner oder Ihrer Partnerin darüber!

Viele Finanzexpert*innen raten Paaren, ein regelmäßiges »Gelddate« festzulegen, wo sie sich für ein paar Stunden auf die Finanzen konzentrieren können. Vierteljährlich, monatlich oder sogar wöchentlich, das können Sie selbst entscheiden. Sie könnten zuerst Ihr Budget anschauen, um dann zu Ihren Zielen zu kommen und zu planen, wie Sie die Dinge auf Ihrer To-do-Liste für Finanzen angehen. Ich nutze gern die herrlich unverplante Zeit zwischen Weihnachten und Neujahr, um mit meinem Mann und meinen Stiefkindern über das nächste Jahr nachzudenken. Wir fangen mit den Dingen an, die Spaß machen – wohin wir reisen wollen und wann –, dann überlegen wir, was am Haus getan werden muss, und planen unser Budget darum herum.

In der Lage zu sein, die finanziellen Höhen und Tiefen miteinander zu teilen, ist wichtig für Ihr Wohlergehen. Falls Sie Single sind, empfehle ich, sich mit einem Freund oder einer Freundin zusammenzutun, der oder die diesbezüglich mit Ihnen auf einer Wellenlänge ist. In meinen Zwanzigern war ich die meiste Zeit Single und habe es sehr geschätzt, mit meiner besten Freundin über Geld sprechen zu können (sie ist immer noch meine beste Freundin!). Wir waren finanziell in einer ähnlichen Situation, beide Single-Frauen, die versuchten, ihre Karriere voranzutreiben und eine eigen Wohnung zu kaufen.

Wem auch immer Sie sich in Sachen Finanzen zugehörig fühlen, in Social-Media-Gruppen oder Foren werden Sie viele Gleichgesinnte finden. Ob es Ihnen darum geht, Ihr eigenes Business zu starten, eine Familie zu gründen oder sich der Gemeinschaft der »Digitalnomad*innen« anzuschließen – viele werden ihre eigenen Erfahrungen und Lektionen mit Ihnen teilen. Dabei gilt natürlich immer: Schalten Sie Ihren eigenen Verstand nicht aus.

Ängste rund um Finanzen sind derzeit weit verbreitet, und das Thema Geld kann sich überfordernd anfühlen. Sprechen Sie mit einer Vertrauensperson darüber, das hilft, diese Gefühle anzuerkennen und sich auf Dinge zu konzentrieren, die Sie tun können, um Ihre finanzielle Situation zu stärken.

»Über eigene Sorgen zu reden, ist sehr sinnvoll, aber oft wird das nicht ausreichend getan«, sagt Vicky. »Mit Geldstress umzugehen, ist schwierig genug; sich dazu noch allein damit zu fühlen, macht es nicht besser. Sie werden feststellen, dass häufig auch andere die gleichen Sorgen teilen wie Sie und es erleichternd und entlastend ist, sich darüber auszutauschen.«

Eine Lösung finden

So. Sie sind bereit, in Ihrer Partnerschaft über einige Geldthemen zu sprechen, und haben Zeit für ein Gespräch gefunden – wie können Sie nun verhindern, dass es in Streit endet?

»Denken Sie daran, dass Sie hoffen, gehört und verstanden zu werden, nicht ›etwas abzuhaken‹. Sie sollten also dafür sorgen, dass die Chancen dafür hoch sind«, rät Vicky.

Achten Sie auf Ihren Tonfall. Sprechen Sie Gefühle wie Ärger oder Frustration an, ohne die Stimme zu erheben, ist das viel effektiver, als Ihren Partner oder Ihre Partnerin von Anfang an in die Defensive zu drängen. »Wie Sie etwas sagen, ist genauso wichtig wie das, was Sie sagen«, erklärt Vicky.

Das betrifft auch die Wahl des Pronomens. »Stellen Sie die Situation aus Ihrer persönlichen Perspektive dar, ist die Wahrscheinlichkeit, eine positive Reaktion zu bekommen, viel höher, als wenn Sie Ihr Gegenüber in der zweiten Person beschuldigen«, sagt sie. Konkret ermöglichen Formulierungen wie »Ich bin sauer, wenn …« oder »Ich mag es nicht, wenn …« Ihrem Partner oder Ihrer Partnerin, sich darauf zu fokussieren, was Sie empfinden und warum.

Sagen Sie dagegen: »Du bist unverantwortlich, weil …«, riskieren Sie, ihn oder sie aufzustacheln, sodass Sie sich am Ende gegenseitig anbrüllen und keiner der beiden Standpunkte gehört wird.

Vicky rät, statt einer Meinung oder Bewertung sollte die zweite Satzhälfte eine Tatsache beinhalten. »Ich bin sauer, wenn du an einem Abend mit Freunden 250 Euro ausgibst« ist zum Beispiel besser als: »Ich bin sauer, wenn du wie ein verwöhntes Blag gedankenlos 250 Euro mit diesen schwachsinnigen Kerlen aus dem Rugbyclub auf den Kopf haust.«

»Ihr Partner oder Ihre Partnerin wird im ersten Fall eine klare Vorstellung davon bekommen, was er oder sie getan hat und wie Sie sich dadurch fühlen, das selbst aber nicht als Bedrohung empfinden oder nicht nachvollziehen können.«

Vor allem empfiehlt sie Paaren dringend, Gespräche über Geld mit dem Wunsch anzugehen, einander zu verstehen.

»Es geht nicht bloß darum, etwas loszuwerden und sich zu beklagen«, sagt sie, »sondern es ist eine Gelegenheit, die eigene Perspektive und die des Partners oder der Partnerin besser kennenzulernen, aber auch eine Gelegenheit, für ihn oder sie, sich selbst besser darüber klarzuwerden. Wenn Sie nur versuchen, Ihr Gegenüber davon zu überzeugen, dass Sie recht haben und er oder sie falschliegt, landen Sie in einer Sackgasse.«

Was Sie erst wissen, wenn Sie ein Baby bekommen

Kinder sind die größte finanzielle (und emotionale!) Belastung für eine Beziehung. Über zwei wichtige Dinge sollten sie also vorab sprechen: die hohen Kosten für die Kinderbetreuung und die wahrscheinlichen Auswirkungen auf die Erwerbsfähigkeit beider Elternteile.

2022 ging ein Reddit-Thread viral, nachdem ein Mann Anfang dreißig sich beschwert hatte, seine Partnerin »verlangt im Grunde, ich solle sie dafür bezahlen, dass sie unser Kind zur Welt bringt«.

Das gutverdienende Paar hatte seine Kosten erfolgreich 50:50 geteilt, darunter auch die Hypothek. Die Frau rechnete aus, dass ihr bei sechs Monaten Elternzeit insgesamt 50 000 Dollar Gehalt entgehen würden, und erwartete von ihrem Partner einen Ausgleich dafür. Ihr Argument war: Warum sollte sie finanzielle Einbußen hinnehmen, weil sie ein Kind bekam, er dagegen nicht?

Diskutieren Sie das miteinander! Was mir an diesem Post besonders gefiel, war, dass er die »Opportunitätskosten« der Elternschaft beleuchtete. Darüber müssen sich Paare unabhängig von ihrem Alter, Geschlecht oder Einkommen Gedanken machen – die wenigsten sprechen jedoch offen darüber.

Jahre bevor Sie überhaupt an Kinder denken, sollten Sie beide in Vorstellungsgesprächen fragen: »Wie sieht die Elternzeitregelung aus?« Die Unterschiede von Arbeitsplatz zu Arbeitsplatz sind gewaltig.

Die Autorin Tobi Asare begann ihren Blog *My Bump Pay*, nachdem sie das auf die harte Tour gelernt hatte.

»Sie müssen besprechen, wie viel von Ihrem Arbeitgeber hereinkommt, um jede Phase der Elternzeit zu überbrücken, wie lang Sie beide es sich leisten können, nicht zu arbeiten, welche Möglichkeiten der Betreuung Sie in Betracht ziehen wollen und wie viel das kostet«, sagt sie.

Je früher Sie darüber reden, desto besser!

»Dieses Gespräch vor der Ankunft des Babys zu führen, ist unglaublich sinnvoll«, fügt sie hinzu. »Dadurch legen Sie Ihre Erwartungen und Ziele frühzeitig fest und können darauf hinarbeiten, um Panik in letzter Minute zu vermeiden. Fällt es Ihnen schwer, in der Partnerschaft darüber zu reden, versuchen Sie herauszufinden, wie befreundete Eltern oder Verwandte die Sache mit dem Geld und der Familiengründung gehandhabt haben. Die Erfahrungen anderer können ebenfalls unglaublich hilfreich sein.«

Tobi ist eine Verfechterin geteilter Elternzeit, also davon, dass beide Elternteile (gemeinsam oder einzeln) eine Weile nicht arbeiten, um sich um das Baby zu kümmern. Die Organisation kann nervenaufreibend sein, aber in ihrem Buch *The Blend*[15] unterstreicht sie, wie sehr sich die Mühe lohnt.

»Geteilte Elternzeit verteilt die Last auf beide Elternteile und bedeutet, dass die Kinderbetreuung nicht hauptsächlich an der Mutter hängenbleibt. So haben Frauen mehr Möglichkeiten, wenn sie wieder arbeiten und Geld verdienen wollen«, sagt Tobi. »Männer berichten häufig, dass sie sich sicherer in der Elternrolle fühlen und eine engere Bindung zu ihrem Kind haben, wenn sie sich die Elternzeit mit der Mutter geteilt haben.«

Flexible Arbeitsarrangements tragen dazu bei, die Dinge auszugleichen, unser unflexibles, teures, kaputtes Kinderbetreuungssystem hingegen tut das nicht. Das zu erklären, sollte meiner Meinung nach Teil des Aufklärungsunterrichts in Schulen sein!

In den ersten drei Lebensjahren Ihres Kindes bekommen Sie sehr wenig Unterstützung vom Staat, was die Kosten für die Kinderbetreuung anbelangt, es sei denn, Sie verdienen extrem wenig. Das ist für viele frischgebackene Eltern ein Schock.

Geht ein zu hoher Anteil des Einkommens für Kinderbetreuung, Kitaplätze und Ähnliches drauf, damit sie arbeiten und Geld verdienen können, entscheiden sich viele Eltern, ihre Verluste zu begrenzen und Teilzeit zu arbeiten – was seine eigenen Nachteile hat.

Nicht nur verdienen Sie dadurch weniger und zahlen weniger in Ihre Zukunftsfonds ein, Sie bremsen auch Ihre Karriere aus. Da nur wenige Teilzeitstellen ausgeschrieben werden, ist auch die Möglichkeit, den Arbeitsplatz zu wechseln (wodurch viele Menschen ihr Gehalt verbessern), geringer. Sie müssen also auch über die langfristigen Auswirkungen reden.

Ich persönlich finde, Kinderbetreuung und sogar Fruchtbarkeitsbehandlungen sollten als gemeinsame Kosten zwischen beiden Eltern aufgeteilt werden, und die Person, die mehr verdient, sollte einen proportional höheren finanziellen Beitrag leisten.

TIPP:
MIT FINANZDIENSTLEISTER*INNEN
ÜBER GELD REDEN

Ob Sie sparen und eine Mitgliedschaft kündigen wollen oder das Geld für eine Rechnung nicht aufbringen können und finanzielle Beratung benötigen – mit solchen Themen an ein Unternehmen heranzutreten, kann eine Herausforderung sein.

Diese Gespräche können schwierig sein, doch schämen Sie sich nicht, schlucken Sie Ihren Stolz herunter und greifen Sie zum Telefon. Millionen sind in derselben Lage wie Sie; die Menschen, die in den Callcentern arbeiten, wird Ihr Fall nicht schockieren. Das Gespräch zu suchen, ist immer der beste Weg, um sich finanziell abzusichern und die Optionen durchzugehen, statt eine davon aufgezwungen zu bekommen.

Sorgen Sie dafür, dass Sie all Ihre Daten wie Ihre Kundennummer, aktuelle Rechnungen und andere Unterlagen parat haben, bevor Sie zum Hörer greifen. Schreiben Sie sich eine Liste mit Stichpunkten, in der Sie skizzieren, was das Problem ist und – wichtig – welche Lösung vonseiten des Unternehmens Sie sich wünschen. Diese Struktur hilft gegen allzu starkes Nervenflattern und dabei, Ihren Anruf bestmöglich für sich zu nutzen.

MIT VERMIETER*INNEN VERHANDELN

Mit Ihrem Vermieter oder Ihrer Vermieterin über Geld sprechen zu müssen, ist nervenaufreibend, wie versprochen gibt es hier aber eine Menge Tipps dazu.

Da es für immer mehr von uns finanziell nicht möglich ist, etwas Eigenes zu kaufen, mieten wir länger. Die Explosion der Mieten ist jedoch alarmierend.

Millionen sind abhängig von privaten Vermietern oder Vermieterinnen, die Wohnungen oder Häuser kaufen, um sie zu vermieten, und die Nachfrage nach Mietwohnungen übersteigt das Angebot. Wohnungen, die ins Internet gestellt werden, sind teilweise innerhalb von Minuten vergeben. Steigende Zinsen und teure Hypotheken führen dazu, dass viele Vermieter*innen versuchen, diese Kosten bei neuen

Mietverhältnissen in Form von Mieterhöhungen weiterzugeben.

Eine Möglichkeit ist jedoch immer noch, diese infrage zu stellen und höflich, aber entschieden mit Ihrem Vermieter oder Ihrer Vermieterin zu verhandeln, bevor Sie einen neuen Mietvertrag unterschreiben. Es gibt Regeln, die diese befolgen müssen, und es lohnt sich, Ihre Rechte zu kennen. Ich habe einige Tipps, die Ihnen helfen können, einen besseren Deal zu bekommen; werfen Sie jedoch zusätzlich einen Blick auf die Webseiten des Deutschen Mieterbunds, von Verbraucherzentralen oder lokalen Mietervereinen, wo Sie exzellenten Rat erhalten.

Die größte Angst von Menschen, die vermieten, sind »Problemmieter*innen«, die sich weigern, die Miete zu zahlen, Schaden an der Immobilie anrichten oder beides – und dadurch, dass die Gerichte noch mit Fällen aus der Covid-Zeit beschäftigt sind, dauert es momentan viel länger, Zwangsräumungen durchzusetzen.

Sie können direkt an Ihren Vermieter oder Ihre Vermieterin appellieren und ins Feld führen, dass Sie verlässlich sind, pünktlich die Miete überweisen, verantwortungsbewusst mit der Immobilie umgehen und vor allem gern noch einige Jahre dort wohnen bleiben möchten. Das ist ebenfalls etwas, woran Vermieter*innen gelegen ist. Dadurch ersparen sie sich die Mühe, Kosten und Risiken, neue Mieter*innen zu finden, außerdem reduzieren sich dadurch die Zeiten, in denen die Immobilie leer steht und kein Geld hereinkommt.

Sie könnten im Gespräch argumentieren: Da man die Immobilie an Sie, eine zuverlässige, vertrauenswürdige Person, vermietet, könnte es vielleicht eine Überlegung wert sein, die angestrebten Mieteinnahmen etwas nach unten anzupassen? Sie könnten auch einen Kompromiss vorschlagen (zum Beispiel die Hälfte der geplanten Erhöhung), den Sie zu akzeptieren bereit wären.

Sprechen Sie wenn möglich direkt mit Ihrer Vermieterin oder lassen Sie den Makler oder die Maklerin eine E-Mail oder einen Brief weiterleiten.

Ist der Vermieter oder die Vermieterin finanziell gut aufgestellt und schätzt Sie als Mieter*in, lässt er oder sie sich vielleicht auf einen Kompromiss ein. Denken Sie daran: Wenn Sie nicht fragen, erreichen Sie gar nichts.

Während einer Rezession machen sich Vermieter*innen noch mehr Sorgen als sonst, dass ihre Mieter*innen arbeitslos werden oder in sonstige finanzielle Schwierigkeiten geraten und nicht mehr in der Lage sein könnten, die Miete zu bezahlen. Möglicherweise lohnt es sich, sie daran zu erinnern, was sie beruflich machen – falls Sie beispielsweise Ärztin, Krankenpfleger oder Lehrerin sind, wissen sie, dass Ihre Beschäftigungsaussichten gesichert sind. Und während die Mieten derart angezogen haben, dass sie mit der Inflation allein nicht zu erklären sind, haben die Gehälter damit bekanntlich nicht Schritt gehalten.

Haben Sie keine Chance, zu verhandeln, könnten Sie mit härteren Bandagen kämpfen. Keine Mieterhöhung ist ohne

Ihre Zustimmung gültig. Im Internet finden Sie einige sehr nützliche Vorlagen. Versuchen Sie jedoch, am Ende im Guten auseinanderzugehen. Heutzutage wollen Vermieter*innen häufig Empfehlungsschreiben des ehemaligen Vermieters oder der Vermieterin sehen, die Sie mit den anderen Unterlagen einreichen müssen, anhand derer ersichtlich wird, ob Sie als Mieter*in infrage kommen. Das ist eine Machtposition mit hohem Missbrauchspotenzial.

Die »Spitzenphase«, in der Menschen umziehen, beginnt Mitte August und läuft ungefähr bis Mitte November (parallel zum Semesterbeginn). Ist es Ihnen möglich, außerhalb dieser Zeit umzuziehen, haben Sie vielleicht etwas weniger Konkurrenz. Dennoch können sich Vermieter*innen bei einer so hohen Nachfrage im Endeffekt aussuchen, an wen sie gern vermieten möchten.

Was bedeutet finanzielle Unabhängigkeit wirklich?

Ich habe Hunderte Tipps zu Geldangelegenheiten gegeben und sieben wirksame Gewohnheiten vorgestellt, die Ihnen helfen werden, finanzielle Unabhängigkeit sowie eine größere Eigenständigkeit im Hinblick auf Ihre Finanzen zu erreichen. Bevor wir uns verabschieden, möchte ich einen letzten Moment mit Ihnen gemeinsam darüber nachdenken, was »finanzielle Unabhängigkeit« wirklich bedeutet.

Als ich jünger war, wäre das für mich gewesen, von zu Hause auszuziehen und finanziell unabhängig von meinen Eltern zu werden (auch wenn das gelegentlich bedeutete, auf eine Kreditkarte zurückzugreifen).

Für andere könnte es sein, über genügend Geld zu verfügen, um zufrieden zu sein. Die Definition, was »genug« ist, kann zu hitzigen Debatten führen – wahrscheinlich ist es im Endeffekt sogar leichter zu definieren, was »zufrieden« bedeutet!

Für manche bedeutet »Freiheit« und »finanzielle Unabhängigkeit« vielleicht, sich über nichts im Zusammenhang mit Geld Sorgen machen zu müssen – oder zumindest keine ständigen Geldsorgen zu haben.

Ich bin nun in meinen Vierzigern und höre die Begriffe immer häufiger als Synonym für den frühen Ruhestand – den Punkt, an dem man genügend Geld auf der hohen Kante hat, um nicht mehr arbeiten zu müssen, und stattdessen von Erspartem und den Renditen seiner Geldanlagen zu leben. In den USA hat die FIRE-Bewegung (Financial Independence Retire Early) großen Zulauf von Menschen bekommen, die ein einfacheres Leben führen wollen.

Ihre eigene Interpretation von finanzieller Unabhängigkeit könnte sich aus all den genannten zusammensetzen oder eine ganz andere sein.

Letztendlich geht es darum, ein Gleichgewicht zwischen folgenden Polen zu finden:

1. Zeit, die Sie mit Geldverdienen verbringen (und eine sinnhafte Beschäftigung, bei der Sie sich gern engagieren – auch wenn dies möglicherweise nicht die bestbezahlte Option ist)
2. ihr Geld in Dinge und Menschen zu stecken, die Ihnen am Herzen liegen
3. in der Lage zu sein, etwas für die Zukunft beiseitezulegen

Alle drei Punkte sind wichtig – wie Sie sie gewichten wollen, liegt jedoch bei Ihnen.

Vor allem ist finanzielle Unabhängigkeit eine geistige Haltung – Ihr Moneymindset. Es bedeutet, zu akzeptieren, dass es Herausforderungen geben wird und Sie Entscheidungen treffen müssen, und gleichzeitig zu wissen, dass Sie die innere Stärke besitzen, damit umzugehen und Optionen aufzutun.

Es bedeutet unabhängig von dem, was unsere konsumorientierte Gesellschaft Ihnen weismachen will, zu entscheiden, was für Sie am besten ist, und Gruppendruck, die sozialen Medien und FOMO zu ignorieren.

Auch wenn die Zeiten herausfordernd sind: Vertrauen Sie darauf, dass Sie in der Lage sind, zu lernen und sich mit Dingen auseinanderzusetzen, emotionale Blockaden zu überwinden, Gewohnheiten zu entwickeln, die Ihnen nützen, und einen Weg zu finden, Ihre finanziellen Bedürfnisse auszubalancieren.

Für weitere Inspiration folgen Sie mir auf Social Media: Unter @claerb teile ich einminütige Videos über große

Nachrichten aus dem Finanzbereich und die besten praktischen Tipps. Bitte taggen Sie mich in Ihren eigenen Posts, wenn Ihnen dieses Buch geholfen hat, Ihren Geldzielen näher zu kommen.

Und wenn Sie das nächste Mal gefragt werden, ob Sie gut mit Geld umgehen können, sagen Sie: »Viel besser als vorher.«

Dank

Ich habe einigen wunderbaren Menschen zu danken, die mir geholfen haben, dieses Buch möglich zu machen, darunter jenen, die mir am meisten über Geld beigebracht haben, und jenen, die mir während des Schreibprozesses die Hand gehalten haben.

Als Erstes danke ich meiner großartigen Lektorin bei Ebury Edge, Géraldine Collard. Ich habe die erste Nachricht, in der sie dieses Buch anfragte, ignoriert, weil ich sie versehentlich für Scam hielt (ups!). Zum Glück hat sie noch einmal nachgehakt ... Ein Riesendank gilt außerdem dem übrigen Team bei Ebury, meinem Literaturagenten Robert Caskie und unserem gemeinsamen Freund Eddie Mair – ohne euch wäre das hier nicht zustande gekommen.

Zweitens danke an alle bei der *Financial Times* und unserer Initiative, der Financial Literacy and Inclusion Campaign (kurz Flic), für eure fantastische Unterstützung. Mein besonderer Dank gilt meinen Vorgesetzten Patrick Jenkins und Alec Russell, die mir erlaubt haben, mir freizunehmen, um dieses Buch zu schreiben, der großen Chefin Roula Khalaf, die mich immer angetrieben hat, Dinge zu tun, von denen ich glaubte, dazu nicht in der Lage zu sein; Gillian Tett, weil sie mir immer wieder Mut gemacht hat sowie unseren geschäftsführenden Redakteuren Tobias Buck und

Abbie Scott, die sich mit der Verwendung von Material aus meinen Kolumnen in der *FT Weekend* und dem *Money-Clinic*-Podcast einverstanden erklärt haben.

Ein besonderer Dank geht an das *FT*-Podcastteam und meine Wingwoman Persis Love (die Person, mit der ich Woche für Woche am meisten über Geld spreche!) und Chris Giles, den herausragenden Wirtschaftsredakteur der *FT*. Von ihm habe ich so ziemlich alles gelernt, was ich über Wirtschaft weiß, seit ich vor vielen Jahren zur *FT* gekommen bin, und er hat mir wertvolle Anregungen für dieses Buch gegeben.

Meine wunderbare Freundin und Mentorin Lindsay Cook, eine ehemalige Chefin und erfahrene Journalistin, war eine beständige Quelle von Hilfe und Rat in meiner gesamten Karriere. Während des Schreibens war sie so großzügig, mir viele Stunden Feedback und Ermunterung zu geben.

Kompetente Unterstützung bekam ich auch von vielen Finanzaufklärer*innen, die ihre Ideen zum Sparen mit mir geteilt und mir erlaubt haben, sie für dieses Buch zu verwenden. Ich empfehle wärmstens, ihnen allen in den sozialen Medien zu folgen, um noch mehr über Geld zu lernen:

Alice Tapper (@GoFundYourself), Sara Williams (@DebtCamel), Iona Bain (@IonaJBain), Timi Merriman- Johnson (@MrMoneyJar), Charlotte Jessop (@Looking AfterYourPennies), Tiffany Aliche (@TheBudgetnista), Lynn Beattie (@MrsMummyPennyUK), Damian Fahy (@Moneytothe-Masses), Margot de Broglie (@YourJuno), Ken Okoroafor

(@TheHumblePenny), Henry Pryor (@HenryPryor), Tim Harford (@TimHarford), Lindsay Cook (@LindsayMoneyM), Moira O'Neill (@MoiraOnMoney), Jason Butler (@JBTheWealthman) und FT Flic (@FT_FLIC).

Ein großer Dank an die Teams von Money Saving Expert, Money to the Masses, Jonathan Hollow, dem Co-Autor von *How to Fund the Life You Want,* und Bruce Dalton, ehemaliger Finanzprofi, nun im Ruhestand, und treuer *FT*-Leser, der mit fachlicher Beratung für die Abschnitte über Schulden und Geldanlagen zur Stelle war.

Einen Riesendank schulde ich außerdem meiner Familie und meinen Freund*innen, die in den vergangenen Monaten unter meinen Protesten »Ich kann nicht, ich muss das verdammte Buch schreiben!« gelitten haben. Angefangen bei meinen Eltern, Bob und Sheila – danke für das, was ich im Laufe meines Lebens über Geld (und alles andere) von euch gelernt habe.

Doug, mein Mann, war ein Heiliger (wir sind Großeltern geworden, während dieses Buch entstanden ist, er hatte also alle Hände voll zu tun). Meine drei Stiefkinder Kelly Jane, Ben und Jack (plus Schwiegersohn Sam und zukünftige Schwiegertochter Sarah) waren mein hervorragendes Team von Millenial-Finanzmusen, lange bevor dieses Buch auch nur eine Idee war. Mein Wunsch, Menschen etwas über Geld beizubringen, entstammt unmittelbar dem, was ich von ihnen lerne. Kelly hat unglaublicherweise E-Mails mit einzelnen Kapiteln gelesen, wenn sie nicht gerade nachts ihre

Zwillingsbabys gefüttert hat. Sie werden froh sein, dass ich nun mehr Zeit für Babysitting und Vogelbeobachtung an den Wochenenden habe.

Meine liebsten Freund*innen Eleanor, Maggie, Paul und Gali (Mama One) haben mir jede Menge Wein eingeschenkt – jetzt bin ich dran –, und mein Bruder Steve, meine Schwägerin Louise und die drei kleinsten Barretts haben mir endlos viel Liebe und Umarmungen gegeben.

Und schließlich einen herzlichen Dank an Sie, meine Lesenden, mein Podcastpublikum und meine Follower*innen in den sozialen Medien, dass Sie mir Ihre Fragen, Ideen, Ihren Frust und Erfolg mit Geld anvertraut haben. Ich fühle mich sehr geehrt, Ihr Medium zur Veränderung in der Finanzwelt sein zu dürfen, und ich hoffe, die Lektionen in diesem Buch werden Ihnen allen helfen, ein besseres Verhältnis zu Geld zu bekommen.

Bleiben wir im Gespräch! Sie finden mich unter @claerB auf Instagram, Twitter/X und TikTok; auf meiner Website www.claerbarrett.com gibt es Informationen zu Lesungen und mehr.

Anmerkungen

1 The Money Advice Service, »New Study Confirms Adult Money Habits Are Set by the Age of Seven Years Old«, 23. Mai 2013, https://mascdn.azureedge.net/cms/habitsset-by-age-seven-pr-220513-final.pdf

2 *Money Clinic*-Podcast, »The Financial Secrets of Footballers (Part One)«, November 2021, www.podcasts.apple.com/us/podcast/the-financial-secrets-of-footballers-partone/id287031335?i=1000540471618

3 *Money Clinic*-Podcast, »Money Clinic Meets Gina Miller«, März 2021, www.podcasts.apple.com/dk/podcast/money-clinic-meets-gina-miller/id287031335?i=1000511227820

4 *Money Clinic*-Podcast, »I hate maths: Is that why I'm bad with money?«, Mai 2022, www.podcasts.apple.com/us/podcast/i-hate-maths-is-that-why-im-bad-with-money/id287031335?i=1000561717761

5 *FT* Financial Literacy and Inclusion Campaign: Teaching personal finance with hair extensions, James Pickford, *Financial Times*, 10. Dezember 2021, www.ft.com/content/45f7c4e0-88eb-4d43-8874-3e242eb9eb47

6 »Lottery winners who won millions but ended up with nothing«, *Love Money*, 30. November 2021, www.lovemoney.com/galleries/64958/lottery-winnerswho-won-millions-but-ended-up-with-nothing?page=1

7 Oscar Wilde, Der Sozialismus und die Seele des Menschen, Diogenes 1982 (Übers. Gustav Landauer und Hedwig Lachmann), S. 13

8   »Best of *FT* Money 2021: My biggest financial mistake – *FT* wri-
    ters confess«, *Financial Times*, 17. September 2021, www.ft.com/
    content/f8342b36-26ed-47d0-990a-c5ffc3bea7b1

9   »Credit Card Minimum Repayment Calculator«, Money Saving
    Expert, www.moneysavingexpert.com/credit-cards/minimum-
    repayments-credit-card/

10 https://modernretail.co.uk/buy-now-pay-later-qa-withklarna/

11 »UK banks pile into buy now, pay later in battle with fintechs«,
    Financial Times, www.ft.com/content/69917e3e-311e-48c4-b806-
    01e8e537ef27

12 Rupert Jones und Kalyeena Makortoff, »The surge in ›buy now
    pay later‹ – and why we should be worried«, *Guardian*, 18. Sep-
    tember 2021, www.theguardian.com/business/2021/sep/18/the-
    surge-in-buy-now-paylater-and-why-we-should-be-worried

13 Dazu, ob es sich lohnt, für aktiv gemanagte Fonds – im Gegen-
    satz zu günstigeren passiven – zu bezahlen, existieren bereits jede
    Menge Forschungsergebnisse. Eine exzellente Analyse liefern Jo-
    nathan Hollow und Robin Powell in ihrem Buch How to Fund
    the Life You Want und ich habe Sie in meinem Podcast Money
    Clinic zu dem Thema ausgefragt (»Investment Masterclass: The
    Cheapest Way to Invest«).

14 Sunday Times-Interview mit Martin Lewis, 20. September 2020,
    www.thetimes.co.uk/article/martin-lewisinterview-people-
    would-tell-me-youre-like-a-god-i-struggled-to-cope-gg0d27whk

15 Asare, T. (2023) The Blend, Headline Home, London

Register